新 合格できる韓国語能力試験

TOPIK I

著／新大久保語学院
全ウン
金賢珍
監修／李志暎

ask

はじめに

本書は、韓国語能力試験 TOPIK Ⅰ（1～2級）を受験する方のための対策本です。

2014年下半期から試験の改定により、韓国語能力試験（TOPIK）はレベルがTOPIK Ⅰ（初級）とTOPIK Ⅱ（中級、高級）の2段階になりました。これによってTOPIK Ⅰでは聞き取り（30問）と読解（40問）の問題のみになり、改定前の初級と比べて受験者の負担が軽くなり、チャレンジしやすくなりました。自分の韓国語力に対して公的な評価を受けることで現在のレベルを確認し、これからの学習方法や目標が設定しやすくなるでしょう。

韓国語能力試験では、初級レベルのTOPIK Ⅰでも問題の指示文からすべてが韓国語で出されるので、問題を解くだけではなく、出題形式にも事前に慣れておくことが有効になります。そこで本書では効果的に受験準備ができるように以下の点に留意いたしました。

✔ 本試験に出てくる初級レベル必須の表現をマスターできるようにする
✔ 出題パターン別の攻略法と問題練習を通して本試験への万全な対策を行える
✔ 一人で学習できるようにすべての問題に解答解説が付いている

さらに、初級レベルの900以上の重要語彙と80以上の重要文型が別冊にまとめられているので、受験予定がない方も、初級のまとめや復習、中級へのレベルアップのための学習書としても活用することができます。

何事でも基礎をしっかり固めるのが一番大事ですが、語学においてはなおさらです。まず基礎をしっかり身につけて、これからの中級や高級レベルへ向けての土台にしてください。

本書がその手助けになることを願っています。

全ウン、金賢珍

もくじ

本書の使い方

本書は、韓国語能力試験 TOPIK Ⅰ（初級レベル）の問題類型別の攻略方法と練習問題に加えて、重要文型の確認、実戦演習、別冊で構成されています。

対策

重要文型の学習および２つの出題分野（聞き取り、読解）について出題パターン別に試験対策の学習ができるようになっています。

第１部「重要文型の確認」では初級レベルの文型を文末表現と接続表現で分けて提示し、文型の確認問題を載せています。練習問題に入る前に必要な表現を覚えるようにしてください。

第２部「聞き取り問題対策」と第３部「読解問題対策」は、出題パターン別に攻略ポイントの解説と練習問題で構成されています。

第２部聞き取り問題は、音声を聞きながら練習問題を解いてください。

実戦演習

第２部と第３部の類型別学習で練習したいろいろなパターンが混ざった問題を解く練習ができるようになっています。問題は実際の試験と同様の順番に並べられています。目標解答時間内に解くように、実際に時間を計って解いてみましょう。聞き取りと読解に分けて解くこともできます。

実戦演習の聞き取りでは、音声を聞きながら問題を解いてください。

別冊

「初級重要文型」には、重要な接続表現と文末表現をまとめました。例文などを確認したい場合は各文型の右端に表示されている該当ページをご参照ください。

「初級重要語彙」は、品詞別にまとめられています。まとめて覚えておきたい関連語も掲載されているので、ご活用ください。

「聞き取り問題文全訳」には、第２部聞き取り問題の類型Ⅵから類型Ⅷまでの台本の全文訳を掲載しています。聞き取り学習の時に参考にしてください。

音声

第2部聞き取り問題対策と第4部実戦演習聞き取りの音声は、下記の弊社 Web サイトの本書の説明ページから無料でダウンロードできます。

https://www.ask-books.com/978-4-86639-641-5/

右の QR コードからもアクセスできます。

また、上記の Web ページの「音声ダウンロード」に、「Apple Podcast」および「Spotify」へのリンクがあります。クリック（タップ）すると再生リストが開くので、聞きたい音声をクリック（タップ）すると、ストリーミング再生されます。

「Apple Podcast」または「Spotify」のアプリをご利用いただくと、オフラインで再生することもできます。

（ご希望の方には、別売りにて音声 CD をご用意いたします。詳しくは上記の弊社 Web サイトの本書の説明ページをご覧ください。）

テキストの問題番号左に該当する音声の番号が表示されています。本試験では問題ごとに解答を記入するための時間が与えられますが、本書の音声では問題間のポーズが約 10 ～ 15 秒間（2 問に答える形式の問題の場合は約 25 秒）と本試験より短めになっています。速く解く練習をしておくといいでしょう。

※ 2 問に答える形式の問題の場合、本試験では各問題の番号が読み上げられ、それぞれに解答を記入する時間が与えられますが、第 2 部聞き取り問題対策では各問題の番号は読み上げず、約 25 秒間のポーズの後に次の問題に進みます。
第 4 部実戦演習では各問題番号を読み上げ、その後に約 25 秒間のポーズがあります。

【本書で使用する記号】

≪　≫：音声のスクリプト　　［　］：指示文の訳

≒　：類義語　　⇔　：反義語

韓国語能力試験について

韓国語能力試験（TOPIK）は、韓国政府教育部が認定・実施する唯一の韓国語試験で、韓国語を母国語としない学習者を対象に行われます。日本をはじめ世界約 90 ヶ国で実施され、レベル評価や留学、就職への活用などを目的に様々な方が受験しています。

日本では1997年から実施され、公益財団法人韓国教育財団により運営・実施されています。2017 年から年 3 回（4 月、7 月、10 月）実施になりました。

●韓国語能力試験の種類

TOPIK Ⅰ（初級）と TOPIK Ⅱ（中級・高級）の 2 つのレベルがあります。合格すると獲得した総合点数に応じて、級が認定されます。

TOPIK Ⅰ：1 級または 2 級

TOPIK Ⅱ：3 級～ 6 級

● TOPIK Ⅰ試験の概要

（1）級の認定基準とレベル

級	合格点の目安	レベル
1 級	80 ／ 200	自己紹介、買い物、飲食店での注文など生活に必要な基礎的な言語を駆使でき、身近な話題の内容を理解、表現できる。800 語程度の基礎的な語彙と基本文法を理解し、簡単な文章を作ることができる。簡単な生活文や実用文を理解し、構成できる。
2 級	140 ／ 200	電話やお願い程度の日常生活に必要な言語や、郵便局、銀行などの公共機関での会話ができる。1,500 ～ 2,000 語程度の語彙を用いた文章を理解し、使うことができる。公式的な状況か非公式的な状況かの言語を区分し、使用できる。

（2）試験方式

次のように聞き取り、読解の 2 分野が出題されます。

試験は 1 時限（100 分）で実施され、聞き取り（約 40 分）と読解（約 60 分）が続けて行われます。

問題の種類と配点

	TOPIK Ⅰ	
試験時間	100分	
分野	聞き取り	読解
解答形式	4択	4択
問題数	30問	40問
配点	100点	100点
合計点	200点	

韓国語能力試験の詳細および最新情報は、公益財団法人韓国教育財団のホームページで確認してください。

https://www.kref.or.jp/topik/

※1　TOPIK Ⅱ（中、高級）は、聞き取りと読解分野に加えて、作文を含む書き取り分野が出題されます。1時限目（聞き取り、書き取り）と2時限目（読解）に分けて実施され、問題数や試験時間も異なります。

※2　(1) および (2) の表は韓国教育財団のウェブページに掲載されている資料（2024年8月現在）をもとに作成しました。試験の実施方法や基準などは変更される場合がありますので、韓国教育財団のウェブページなどで最新の情報をご確認ください。

TOPIK Ⅰ攻略法

聞き取り

40分間で30問が出題されます。問題の指示文もすべてが韓国語で出されるので、どういう問題が出されるのかパターン別にしっかり練習しておく必要があります。

最初は短い文を聞いて答えを選ぶ問題が出されますが、次第に文章が長くなります。聞き逃さないようにメモしながら聞くといいでしょう。長い文章の場合は、音声を聞く前に選択肢を確認しておくと、これから流れる音声の内容がある程度予想できるので、できる限り先に読んでおくようにしましょう。

全問2回ずつ読み上げられるので、1回目で聞き逃したとしても慌てずに2回目でしっかり聞き取るようにしましょう。本書の音声を繰り返して聞いて、スピードに慣れる練習をしておくといいでしょう。また、うまく聞き取るためには語彙を増やすのが大事です。

読解

60分間で40問を解きます。聞き取り問題と同様に問題の指示文もすべて韓国語なので問題のパターン別にしっかり学習しておくことと、聞き取りに続けてすぐ始めないといけないので最後まで集中力を保つことがポイントです。

最初は短い文章が出題されますが、次第に長い文章を読んで答える問題になります。時間が足りなくならないように、最初の方の問題はスピードを上げて解きましょう。途中で何度読んでも答えが分からない問題がある場合は、とりあえずその問題は飛ばして他の問題を先に解くようにしてください。また、後半の長い文章の問題で、分からない単語が混ざっていてもあきらめずに全体的な流れを把握して問題に臨むようにしてください。そのためには普段から文章を速く読む練習と、語彙をたくさん覚えること、そして文章の途中で分からない単語が出てきてもすぐ調べずに、そのまま全体を読んで内容を把握する練習をしておくといいでしょう。

[参考] TOPIK Ⅰ問題の出題パターンと内容

聞き取り

出題パターン	内容	出題数
対話の完成	短い質問文に対する返事を選ぶ	4問
後ろに続く言葉	短い文を聞いて、それに続く会話を選ぶ	2問
対話が行われている場所	対話が行われている場所を選ぶ	4問
トピックを探す	何について話をしているのか選ぶ	4問
内容と合う絵	会話の内容に合う絵を選ぶ	2問
内容との一致	会話の内容に一致する文を選ぶ	5問
中心となる考え	話し手の考えに合うものを選ぶ	3問
2問に答える	1つの内容に対して2問に答える	6問
	合計	30問

読解

出題パターン	内容	出題数
トピックを探す	共通する話題またはキーワードを選ぶ	3問
文章の完成	空欄に入る語句を選ぶ	6問
内容との不一致	案内文などで内容と一致しないものを選ぶ	3問
内容との一致	文章の内容に合うものを選ぶ	3問
中心となる考え	書き手が言いたいことを選ぶ	3問
2問に答える	1つの内容に対して2問に答える	8問
正しい順番に並べる	4つの文を順番に並べる	2問
2問に答える	1つの内容に対して2問に答える	12問
	合計	40問

第 1 部
重要文型の確認

文末表現①

文型	意味	例文と日本語訳
* -입니다 * -입니까?	～です ～ですか	저는 일본 사람입니다. 私は日本人です。
-이에/예요 -이에/예요?	～です ～ですか	저는 일본 사람이에요. 私は日本人です。
* -ㅂ/습니다 * -ㅂ/습니까?	～します、～です ～しますか、 ～ですか	매일 회사에 갑니다. 毎日会社に行きます。
-아/어요 -아/어요?	～します、～です ～しますか、 ～ですか	매일 회사에 가요. 毎日会社に行きます。
* -이/가 아닙니다 * -이/가 아닙니까?	～ではありません ～ではありませんか	회사원이 아닙니다. 会社員ではありません。
-이/가 아니에요 -이/가 아니에요?	～ではありません ～ではありませんか	회사원이 아니에요. 会社員ではありません。
* -지 않습니다 ≒ 안 -ㅂ/습니다	～ません	영화를 보지 않습니다 / 안 봅니다. 映画を見ません。
-지 않아요 ≒ 안 -아/어요	～ません	영화를 보지 않아요 / 안 봐요. 映画を見ません。

（*はフォーマルな言い方）

確認問題

●ウォーミングアップ●

□저	あの	□매일	毎日	□커피	コーヒー
□-을/를	～を	□마시다	飲む	□주말	週末
□보통	普通	□-에서	～で、～から（場所）		
□쉬다	休む	□이것	これ	□친구	友達
□책	本	□약국	薬局	□무엇(뭐)	何
□사다	買う	□영화	映画	□유명하다	有名だ

次の中から空欄に入る最も適切なものを選びなさい。

1 저 사람은 한국 사람이 (　　).
① 입니다　② 아닙니다　③ 지 않습니다　④ 습니다

2 저는 매일 커피를 마시지 (　　).
① 않아요　② 아니에요　③ 이에요　④ 않습니까

3 저는 주말에 보통 집에서 (　　).
① 안 쉽니까　② 쉬지 않습니까
③ 쉬어요　④ 쉽니까

4 이것은 친구의 책(　　).
① 이에요　② 습니다　③ 지 않아요　④ 가 아니에요

5 약국에서 무엇을 (　　)?
① 삽니다　② 사지 않습니다
③ 안 삽니다　④ 삽니까

6 그 영화 배우는 안 (　　)?
① 유명합니다　② 유명하지 않습니까
③ 유명하지 않아요　④ 유명해요

●解答と解説●

1「あの人は韓国人ではありません。」「사람이」の「이」に続くのは、名詞の否定文となる②です。

2「私は毎日コーヒーを飲みません。」動詞の否定文なので正解は①です。④は疑問文で使われます。

3「私は週末普通家で休みます。」疑問文ではないので正解は③です。

4「これは友達の本です。」名詞に接続するのは①になります。否定文にするには「–이 아니에요」を使います。

5「薬局で何を買いますか。」疑問文なので正解は④です。

6「その映画俳優は有名ではありませんか。」疑問文なので正解は④です。空欄の前に「안」があるので②と③の否定形は使えません。

【正解】**1** ②　**2** ①　**3** ③　**4** ①　**5** ④　**6** ④

文末表現②

文型	意味	例文と日本語訳
−네요	～ですね	이 옷은 비싸네요. この服は高いですね。
−지요(죠)?	～ですよね？、 ～でしょう？	내일도 오지요? 明日も来るでしょう？
−았/었어요 *−았/었습니다	～ました、～でした	어제 친구를 만났어요. 昨日友達に会いました。
−(으)세요 *−(으)십니다	～なさいます	아버지께서는 매일 책을 읽으세요. お父さんは毎日本を読まれます。
−(으)셨어요 *−(으)셨습니다	～なさいました	지난주에 어디에 가셨어요? 先週どこに行かれましたか。
−(으)세요 *−(으)십시오	お～ください	여기에서 기다리세요. ここでお待ちください。
−아/어 주세요 *−아/어 주십시오	～してください	펜을 좀 빌려주세요. ペンを貸してください。
−지 마세요 *−지 마십시오	～しないでください	앞으로 그 사람하고 만나지 마세요. これからその人と会わないでください。

（*はフォーマルな言い方）

確認問題

●ウォーミングアップ●

□다음　次　□우리　うちの、私たち　□오다　来る
□−께　～に、～から（「−에게/−에게서」の尊敬語）
□전하다　渡す、伝える
□−께서는　～は（「−은/는」の尊敬語）　□은행　銀行
□어제　昨日　□편지　手紙　□쓰다　書く
□서류　書類　□가지다　持つ　□지금　今
□비　雨　□많이　たくさん

次の中から空欄に入る最も適切なものを選びなさい。

1 영민 씨, 다음 주말에 우리 집에 (　　).
① 왔어요　② 오셨어요　③ 오세요　④ 오네요

2 저는 못 가니까 제 숙제를 선생님께 (　　).
① 전해 주세요　② 전하십니다　③ 전하지요　④ 전했습니다

3 우리 아버지께서는 매일 은행에 (　　).
① 가지 마십시오　② 가십시오
③ 가세요　④ 가 주세요

4 저는 어제 친구에게 편지를 (　　).
① 써요　② 써 주세요　③ 쓰셨어요　④ 썼어요

5 다음 주까지는 서류를 가지고 (　　).
① 오십시오　② 오셨어요　③ 왔어요　④ 오지 마십시오

6 지금 비가 많이 (　　)?
① 와 주세요　② 오지요　③ 오네요　④ 오세요

●解答と解説●

1「ヨンミンさん、来週末にうちに来てください。」過去形は使えないので正解は③です。

2「私は行けないから私の宿題を先生に渡してください。」依頼文となる①が正解です。

3「うちのお父さんは毎日銀行に行かれます。」自分の父のことを話すときも敬語を使うので正解は③です。

4「私は昨日友達に手紙を書きました。」昨日のことなので正解は④です。自分がしたことなので敬語は使えません。

5「来週までには書類を持ってきてください。」

6「今、雨がたくさん降っているでしょう？」

【正解】**1** ③　**2** ①　**3** ③　**4** ④　**5** ①　**6** ②

文末表現③

文型	意味	例文と日本語訳
-아/어요 *-(으)ㅂ시다	～しましょう	같이 차라도 마셔요. 一緒にお茶でも飲みましょう。
-(으)ㄹ까요?	①～しましょうか ②～でしょうか	①영화를 보러 갈까요? 映画を見に行きましょうか。 ②내일은 날씨가 좋을까요? 明日は天気がいいでしょうか。
-지 말아요 *-지 맙시다	～するのをやめましょう	우리 오늘은 나가지 말아요. 私たち今日は出かけるのをやめましょう。
-아/어도 되다	～してもいい	사진을 찍어도 돼요? 写真を撮ってもいいですか。
-(으)면 되다	～すればいい	한 시까지 오면 돼요. 1時までに来ればいいです。
-(으)면 안 되다	～してはいけない	지금 들어가면 안 돼요. 今、入ってはいけません。
-아/어서는 안 되다	～してはいけない	여기에서 담배를 피워서는 안 됩니다. ここでたばこを吸ってはいけません。

（*はフォーマルな言い方）

確認問題

●ウォーミングアップ●

□표	切符	□아직	まだ	□저쪽	あちら
□쓰레기통	ゴミ箱	□버리다	捨てる	□미용실	美容室
□공항	空港	□처음	初めて	□지하철	地下鉄
□타다	乗る	□냄새가 나다	においがする		
□창문	窓	□열다	開ける		

次の中から空欄に入る最も適切なものを選びなさい。

1 이 영화를 보고 싶은데 표가 아직 (　　)?
　① 있어도 돼요　② 있을까요　③ 있으면 돼요　④ 있지 말아요

2 쓰레기는 저쪽에 있는 쓰레기통에 버리세요. 여기에 (　　).
　① 버릴까요　② 버리면 돼요
　③ 버려서는 안 돼요　④ 버립시다

3 주말에 시간이 있으면 같이 미용실에 (　　)?
　① 갑시다　② 가면 돼요　③ 갈까요　④ 가요

4 가: 저는 공항에 처음 가는데요, 지하철을 타고 가면 돼요?
　나: 네, 지하철을 타고 (　　).
　① 가면 돼요　② 가지 말아요　③ 가면 안 돼요　④ 갈까요

5 냄새가 많이 나는데, 창문을 (　　)?
　① 열지 말아요　② 열어도 돼요　③ 엽시다　④ 열지 맙시다

●解答と解説●

1「この映画が見たいのですが、チケットがまだあるでしょうか。」

2「ゴミはあちらにあるゴミ箱に捨ててください。ここに捨ててはいけません。」禁止を表す③が正解です。

3「週末に時間があれば一緒に美容室に行きましょうか。」「같이」から誘っていることが分かります。④「가요」は①「갑시다」と同じく「行きましょう」という意味なので、疑問文では使われません。

4「カ：私は空港に初めて行くのですが、地下鉄に乗って行けばいいですか。／ナ：はい、地下鉄に乗って行けばいいです。」「はい」と返事して、どう行けばいいかを教えているので①が正解です。

5「においが結構しますが、窓を開けてもいいですか。」許可を求める②が正解です。

【正解】**1** ②　**2** ③　**3** ③　**4** ①　**5** ②

文末表現④

文型	意味	例文と日本語訳
-(으)ㄹ 수 있다	～することができる	한국 요리를 만들 수 있어요. 韓国料理を作ることができます。
-(으)ㄹ 수 없다 ≒못 - ≒ -지 못하다	～することができない	운전을 할 수 없어요. (≒못 해요 / 하지 못해요) 運転をすることができません。
-고 싶다	～したい	오늘은 집에서 쉬고 싶어요. 今日は家で休みたいです。
-고 싶어 하다	～したがる	친구가 책을 사고 싶어 해요. 友達が本を買いたがっています。
-(으)ㄴ/는데요	～ですが、 ～ますが	이 옷은 조금 작은데요. この服は少し小さいですが。
-아/어야 되다/하다	～しなければならない	오늘까지 보내야 돼요/해요. 今日までに送らなければなりません。
-고 있다	～している (動作の進行)	노래를 부르고 있어요. 歌を歌っています。
-아/어 있다	～している (状態の継続)	돈이 떨어져 있어요. お金が落ちています。

確認問題

●ウォーミングアップ●

□자리	席	□예약	予約	□앉다	座る	□아들	息子
□공원	公園	□놀다	遊ぶ	□조금	少し	□나중에	後で
□다시	再び	□전화	電話	□바쁘다	忙しい	□학생	学生
□-명	～名	□정도	程度、くらい			□교실	教室
□남다	残る	□장소	場所	□도착하다	到着する		
□손님	お客	□방	部屋	□청소	掃除		

次の中から空欄に入る最も適切なものを選びなさい。

1 이 자리는 예약을 하지 않으면 (   ).
① 앉아도 돼요 ② 앉을 수 없습니다
③ 앉고 싶어요 ④ 앉아야 해요

2 아들이 내일 공원에 놀러 (   ).
① 가고 싶어 해요 ② 가고 싶어요 ③ 가 있어요 ④ 가고 있어요

3 지금은 조금 (   ). 나중에 다시 걸어 주세요.
① 바빠야 돼요 ② 바쁠 수 없어요
③ 바쁜데요 ④ 바쁘고 싶어요

4 시험이 아직 안 끝난 학생이 10명 정도 교실에 (   ).
① 남고 싶어요 ② 남을 수 없어요
③ 남고 있어요 ④ 남아 있어요

5 저는 지금 약속 장소에 (   ). 5분 후에 도착해요.
① 가고 있어요 ② 가고 싶어 해요 ③ 못 가요 ④ 가 있어요

6 내일 우리 집에 손님이 와요. 그래서 오늘은 방을 청소(   ).
① 하고 싶어 해요 ② 해야 해요 ③ 하는데요 ④ 할 수 없어요

●解答と解説●

1「この席は予約をしなければ座れません。」

2「息子が明日公園に遊びに行きたがっています。」話し手ではなく息子の希望なので正解は①です。

3「今は少し忙しいのですが。あとでかけ直してください。」

4「試験がまだ終わっていない学生が10人くらい教室に残っています。」残っている状態を表す④が正解です。

5「私は今約束の場所に行っています。5分後に到着します。」今向かっているので進行形となる①が正解です。

6「明日、家にお客さんが来ます。それで今日は部屋を掃除しなければなりません。」

【正解】**1** ② **2** ① **3** ③ **4** ④ **5** ① **6** ②

文末表現⑤

文型	意味	例文と日本語訳
-(으)ㄹ 거예요 *-(으)ㄹ 겁니다	①～するつもりです ②～でしょう	①내년에 유학 갈 거예요. 来年留学するつもりです。 ②그 사람도 올 거예요. その人も来るでしょう。
-아/어 보다	～してみる	한번 입어 보세요. 一度着てみてください。
-아/어 주다	①～してあげる ②～してくれる、～してもらう	①친구에게 한국어를 가르쳐 주었어요. 友達に韓国語を教えてあげました。 ②친구가 한국어를 가르쳐 주었어요. 友達が韓国語を教えてくれました。
-아/어 드리다	～して差し上げる	짐을 들어 드릴까요? 荷物を持って差し上げましょうか。(お持ちしましょうか)
-아/어 주시다	～してくださる	사장님께서 점심을 사 주셨어요. 社長が昼食をおごってくださいました。
-(으)ㄹ까 하다	～しようかと思う	저도 갈까 해요. 私も行こうかと思います。

(*はフォーマルな言い方)

確認問題

●ウォーミングアップ●

□생일	誕生日	□선물	プレゼント	□보내다	送る
□이번	今回	□휴가	休暇	□해외	海外
□여행	旅行	□정말	本当に	□졸업	卒業
□바로	すぐ（時間、場所）			□결혼	結婚
□시골	田舎	□-들	～たち	□사진	写真
□-쯤	～ごろ	□공연장	公演場	□읽다	読む

次の中から空欄に入る最も適切なものを選びなさい。

1 친구가 제 생일에 선물을 (　　).

① 보내 주었어요　② 보내 주셨어요
③ 보내 드렸어요　④ 보낼까 해요

2 저는 이번 휴가 때는 해외여행을 (　　).

① 갔을 거예요　② 갈까 해요　③ 가 보세요　④ 가 주셨어요

3 이 책 정말 재미있었어요. 한번 (　　).

① 읽을 거예요　② 읽어 보세요　③ 읽을까 해요　④ 읽어 주셨어요

4 저는 학교를 졸업하면 바로 결혼(　　).

① 할 거예요　② 해 주셨어요　③ 해 보세요　④ 해 줬어요

5 어제 시골에 사시는 할머니께 아이들 사진을 (　　).

① 보낼까 해요　② 보내 보세요
③ 보내 드렸어요　④ 보낼 거예요

6 지금쯤 공연장에 (　　).

① 도착해 주세요　② 도착할까 해요
③ 도착해 봐요　④ 도착했을 거예요

●解答と解説●

1「友達が私の誕生日にプレゼントを送ってくれました。」相手が友達なので敬語は使いません。正解は①です。

2「私は今度の休暇は海外旅行に行こうかと思います。」

3「この本、本当に面白かったです。一度読んでみてください。」試すことを勧める②が正解です。

4「私は学校を卒業したらすぐ結婚するつもりです。」

5「昨日田舎に住んでいらっしゃるおばあさんに子供たちの写真をお送りしました。」おばあさんに送ったのは昨日なので正解は③です。

6「今ごろ公演場に着いたでしょう。」過去の推測を表しています。

【正解】**1** ①　**2** ②　**3** ②　**4** ①　**5** ③　**6** ④

文末表現⑥

文型	意味	例文と日本語訳
-(으)ㄴ 적이 있다 ⇔없다	～したことがある ⇔ない	한국에 간 적이 있어요? 韓国に行ったことがありますか。
-(으)려고 하다	～しようと思う	세일 때 사려고 해요. セールの時に買おうと思います。
-(으)ㄴ/는/(으)ㄹ 것 같다	～たようだ／ているようだ／そうだ	사람이 많이 올 것 같아요. 人がたくさん来そうです。
-아/어 보이다	～く見える、 ～に見える	저 사람은 젊어 보여요. あの人は若く見えます。
-았/었으면 좋겠다 ≒-(으)면 좋겠다	～たらいい、 ～て欲しい	우리 팀이 이겼으면 좋겠어요. (≒이기면 좋겠어요) うちのチームが勝ったらいいですね。
-(으)ㄹ게요 *-겠습니다	～します	내일은 꼭 갈게요. 明日は必ず行きます。
-겠어요/겠네요	～でしょう	어제 잠을 못 자서 피곤하겠어요/겠네요. 昨日眠れなくて疲れているでしょう。
-군요 -는군요	～ですね ～ますね	경치가 정말 아름답군요. 景色が本当に美しいですね。

（*はフォーマルな言い方）

確認問題

●ウォーミングアップ●

□올해	今年	□꼭	必ず	□합격하다	合格する
□기분	気分	□무슨	何の	□오래간만에	久しぶりに
□만나다	会う	□반갑다	（人や便りが）うれしい		
□외국인	外国人	□사귀다	付き合う		
□시험을 보다	試験を受ける			□떨어지다	落ちる

次の中から空欄に入る最も適切なものを選びなさい。

1 선생님, 올해는 시험에 꼭 (　　).

① 합격할게요　② 합격한 적이 있어요

③ 합격하는군요　④ 합격한 것 같아요

2 기분이 안 (　　). 무슨 일 있었어요?

① 좋았으면 좋겠어요　② 좋을 것 같아요

③ 좋을게요　④ 좋아 보여요

3 오래간만에 친구를 만나서 (　　).

① 반가웠으면 좋겠어요　② 반가울 것 같아요

③ 반가웠겠어요　④ 반가울게요

4 수현 씨는 지금까지 외국인 친구를 (　　)?

① 사귈게요　② 사귀어 보여요

③ 사귄 적이 있어요　④ 사귀겠어요

5 미정 씨가 지난번에 본 시험에 (　　).

① 떨어지겠어요　② 떨어진 것 같아요

③ 떨어지는군요　④ 떨어진 적이 없어요

●解答と解説●

1「先生、今年は試験に必ず合格します。」先生に対しての決意を表す①が正解です。

2「気分がよくないように見えます。何かあったのですか。」相手の現在の様子を見て推測している④が正解です。

3「久しぶりに友達に会ってうれしかったでしょう。」久しぶりに友達に会った相手の気持ちを推測する③が正解です。

4「スヒョンさんは今まで外国人の友達と付き合ったことがありますか。」今までの経験を聞く③が正解です。

5「ミジョンさんがこの前に受けた試験に落ちたようです。」前の試験の結果を推測している②が正解です。

【正解】**1** ①　**2** ④　**3** ③　**4** ③　**5** ②

文末表現⑦

文型	意味	例文と日本語訳
-게 되다	～することになる	미국으로 이민을 가게 됐어요. アメリカへ移民することになりました。
-기로 하다	～することにする	오늘부터 술을 안 마시기로 했어요. 今日からお酒を飲まないことにしました。
-(으)ㄹ래요 -(으)ㄹ래요?	①～します ②～しましょうか ③～しますか	①집에 갈래요. 家に帰ります。 ②영화 볼래요? 映画、見ましょうか。 ③뭐 마실래요? 何飲みますか。
-는 게 좋겠어요	～する方がいいでしょう	빨리 병원에 가는 게 좋겠어요. 早く病院に行く方がいいでしょう。
-기도 하고 -기도 하다	～したり～したりする	주말에는 운동을 하기도 하고 영화를 보기도 해요. 週末は運動をしたり、映画を見たりします。
-아/어지다	～くなる、 ～になる	5년 전보다 물가가 많이 비싸졌어요. 5年前より物価が随分高くなりました。

確認問題

●ウォーミングアップ●

□-한테	～（人）に	□빨리	速く、早く	□이야기	話
□마음에 들다	気に入る	□아무것도	何も	□거래처	取引先
□갑자기	急に	□출장	出張	□역	駅
□-까지	～まで	□가깝다	近い	□연습	練習
□발음	発音	□일찍	早く	□끝나다	終わる

次の中から空欄に入る最も適切なものを選びなさい。

1 그 사람한테 하루라도 빨리 이야기(　　).
① 하기도 해요　② 하는 게 좋겠어요
③ 하게 됐어요　④ 해져요

2 마음에 드는 게 없어요. 아무것도 (　　).
① 살래요　② 사는 게 좋겠어요
③ 사게 됐어요　④ 안 살래요

3 거래처에 급한 일이 생겨서 갑자기 출장을 (　　).
① 가게 됐어요　② 가는 게 좋겠어요
③ 가기도 해요　④ 갈래요

4 역까지 가까우니까 (　　)?
① 걷기로 해요　② 걷기도 해요　③ 걸을래요　④ 걸어져요

5 읽는 연습을 많이 했어요. 그래서 발음이 (　　).
① 좋아졌어요　② 좋을래요　③ 좋게 됐어요　④ 좋기도 해요

6 일이 일찍 끝나면 영화를 보기도 하고 술을 (　　).
① 마셔져요　② 마시기로 했어요
③ 마시게 됐어요　④ 마시기도 해요

●解答と解説●

1「その人に一日でも早く話す方がいいでしょう。」

2「気に入ったものがありません。何も買いません。」「아무것도」の後には否定文が来るので正解は④です。

3「取引先に急用ができたので急に出張に行くことになりました。」自分の意志とは関係なく行くことになったことを表す①が正解です。

4「駅まで近いので歩きますか。」相手の意向を聞く③が正解です。

5「読む練習をたくさんしました。それで発音がよくなりました。」形容詞の状態の変化を表す①が正解です。「-게 되다」は動詞に接続します。

6「仕事が早く終わったら映画を見たりお酒を飲んだりします。」

【正解】**1** ②　**2** ④　**3** ①　**4** ③　**5** ①　**6** ④

接続表現①

文型	意味	例文と日本語訳
-고	～て	영화를 보고 차를 마셔요. 映画を見て、お茶を飲みます。
-지만	～けれども	오늘은 바쁘지만 내일은 한가해요. 今日は忙しいけれども、明日は暇です。
-아/어서	①～ので、～から ②～して	①밥을 많이 먹어서 배가 불러요. ご飯をたくさん食べたので、お腹がいっぱいです。 ②다음 역에서 내려서 갈아타세요. 次の駅で降りて乗り換えてください。
-(으)러	～しに	소포를 부치러 우체국에 가요. 小包を出しに郵便局に行きます。
-(으)면	～ば、～と、～たら	어두우면 불을 켜세요. 暗ければ明かりをつけてください。
-(으)면서	①～しながら ②～のに	①걸으면서 음악을 들어요. 歩きながら音楽を聞きます。 ②비싸면서 맛없어요. 高いのにまずいです。
-아/어도	～しても、～くても	음식은 같아도 먹는 방법이 다르지요? 食べ物は同じでも食べ方は違うでしょう？

確認問題

●ウォーミングアップ●

□회의	会議	□자료	資料		
□받다	もらう、(電話に) 出る			□고향	故郷
□옛-	昔の	□운전	運転	□위험하다	危ない
□계속	続けて	□걸다	かける	□쇼핑	買い物
□콘서트	コンサート	□전자사전	電子辞書		

次の中から空欄に入る最も適切なものを選びなさい。

1 회의 자료를 (　　) 거래처에 가요.
① 받아도　② 받으면서　③ 받지만　④ 받으러

2 고향에 (　　) 옛 친구들을 만나고 싶어요.
① 가고　② 가서　③ 가면서　④ 가러

3 운전(　　) 전화를 하는 것은 위험합니다.
① 해도　② 하지만　③ 하면서　④ 하러

4 전화를 계속 (　　) 안 받아요.
① 걸어도　② 걸어서　③ 걸고　④ 걸면서

5 한국에 가서 쇼핑도 (　　) 콘서트에도 갔어요.
① 하지만　② 하고　③ 하면서　④ 하러

6 돈이 (　　) 전자사전을 사고 싶어요.
① 있으면서　② 있지만　③ 있고　④ 있으면

●解答と解説●

1「会議の資料をもらいに取引先に行きます。」取引先に行く目的を表す④が正解です。

2「故郷に行って昔の友達に会いたいです。」友達に会うためにはまず故郷に行かなければならないので正解は②です。

3「運転しながら電話をするのは危ないです。」同時にするのは危ないという意味になる③が正解です。

4「電話をずっとかけても出ません。」

5「韓国に行って買い物もしてコンサートにも行きました。」買い物やコンサートを並列して表す②が正解です。

6「お金があれば、電子辞書を買いたいです。」

【正解】**1** ④　**2** ②　**3** ③　**4** ①　**5** ②　**6** ④

接続表現②

文型	意味	例文と日本語訳
-(으)니까	①～ので、 ～から ②～たら （新しい発見）	①길을 모르니까 가르쳐 주세요. 道が分からないので教えて下さい。 ②일어나니까 눈이 쌓여 있었어요. 起きたら雪が積もっていました。
-기 전에	～する前に	입장하기 전에 표를 사야 돼요. 入場する前に切符を買わなければなりません。
-(으)ㄴ 후에/다음에	～した後に	손을 씻은 후에/다음에 드세요. 手を洗った後に召し上がってください。
-(으)ㄹ 때 -았/었을 때	～する時 ～した時	잠이 안 올 때는 일기를 써요. 眠れない時は日記を書きます。 부산에 갔을 때 처음 만났어요. 釜山に行った時に初めて会いました。
-게	～く、～に	간단하게 설명해 주세요. 簡単に説明してください。
-기 때문에	～から、 ～ので	이 집은 역에서 가깝기 때문에 비쌉니다. この家は駅から近いので高いです。
-기 위해서	～するために	취직하기 위해서 영어를 공부해요. 就職するために英語を勉強します。
-지 말고	～しないで （＋～してください／しましょう）	서 있지 말고 여기에 앉으세요. 立っていないでここに座ってください。

確認問題

●ウォーミングアップ●

□계획	計画	□세우다	立てる	□신청	申請
□오랜만에	久しぶりに	□시장	市場	□변하다	変わる
□잘	よく	□들리다	聞こえる	□크다	大きい
□말씀하시다	おっしゃる	□새로	新しく		
□생기다	できる、生じる	□건물	建物		
□구경하다	見物する	□아무도	誰も		

次の中から空欄に入る最も適切なものを選びなさい。

1 여행 계획을 (　　) 먼저 휴가를 신청하세요.
① 세우기 전에　② 세운 후에　③ 세우니까　④ 세우기 때문에

2 오랜만에 시장에 (　　) 많이 변해 있었어요.
① 가 보게　② 가 보니까
③ 가 보기 전에　④ 가 보기 위해서

3 잘 안 들리니까 (　　) 말씀해 주세요.
① 크기 때문에　② 크게　③ 크니까　④ 클 때

4 새로 생긴 건물을 (　　) 왔어요.
① 구경하게　② 구경하니까
③ 구경하기 때문에　④ 구경하기 위해서

5 시험에 합격(　　) 기분이 좋습니다.
① 하기 위해서　② 하게　③ 했기 때문에　④ 하기 전에

6 제가 전화(　　)는 집에 아무도 없었어요.
① 했을 때　② 할 때　③ 했기 때문에　④ 한 다음에

●解答と解説●

1「旅行の計画を立てる前にまず休暇を申請してください。」「まず」という言葉から正解は①です。

2「久しぶりに市場に行ってみたら結構変わっていました。」新しく分かったことを表す②が正解です。

3「よく聞こえないから大きくおっしゃってください。」形容詞を副詞化した語が入ります。正解は②「-게」です。

4「新しくできた建物を見物するために来ました。」目的を表す④が正解。

5「試験に合格したから気分がいいです。」なぜ気分がいいのかその理由を表す③が正解です。

6「私が電話した時は家に誰もいませんでした。」

【正解】 **1** ①　**2** ②　**3** ②　**4** ④　**5** ③　**6** ①

接続表現③

文型	意味	例文と日本語訳
-(으)ㄴ/는데	～が、 ～のに	지금 편의점에 가는데 뭐 필요한 거 있어요? 今コンビニに行きますが、何か必要なものありますか。
-(으)려면	～しようとするならば	주문하려면 신청서를 써야 돼요. 注文しようとするならば申込書を書かなければなりません。
-거나	①～か ②～したり	①우편으로 보내거나 직접 오세요. 郵便で送るか直接来てください。 ②DVD를 보거나 낮잠을 자거나 해요. DVDを見たり昼寝をしたりします。
-(으)ㄴ 지	～してから(+時間の経過)	여기로 이사한 지 벌써 10년이 됐어요. ここへ引っ越してからもう10年になりました。
-고 나서	～してから	야채를 먼저 넣고 나서 고기를 넣으세요. 野菜を先に入れてから肉を入れてください。
-고 나면	～したら	물이 끓고 나면 면을 넣으세요. お湯が沸いたら、めんを入れてください。
-(으)ㄴ/는지	～か	저 드라마가 몇 시부터 시작하는지 아세요? あのドラマが何時から始まるのか、ご存じですか。

確認問題

●ウォーミングアップ●

□비행기	飛行機	□면세점	免税店	□차	お茶
□금액	金額	□버튼	ボタン	□누르다	押す
□넣다	入れる	□떠나다	去って行く	□얼마나	どのくらい
□모르다	分からない	□가수	歌手	□노래	歌

次の中で空欄に入る最も適切なものを選びなさい。

1 비행기를 타기 전에 면세점에서 쇼핑을 (　　) 차를 마시거나 해요.
① 하기 때문에　② 하기 위해서　③ 하려면　④ 하거나

2 지하철 표를 살 때 금액 버튼을 먼저 (　　) 돈을 넣으세요.
① 누르고 나서　② 누르는데　③ 눌렀을 때　④ 누르거나

3 그 사람이 (　　) 얼마나 됐어요?
① 떠나고 나면　② 떠날 때　③ 떠난 지　④ 떠나는지

4 이 음식은 아주 (　　) 왜 안 먹어요?
① 맛있으려면　② 맛있는지　③ 맛있거나　④ 맛있는데

5 저는 그 사람이 어디에 (　　) 몰라요.
① 살려면　② 사는지　③ 사는데　④ 산 지

6 가수가 (　　) 노래 연습을 많이 해야 돼요.
① 되려면　② 되거나　③ 되는데　④ 되는지

●解答と解説●

1「飛行機に乗る前に、免税店で買い物をしたりお茶を飲んだりします。」飛行機に乗る前の行動を列挙する④が正解です。

2「地下鉄の切符を買う時、金額のボタンを先に押してからお金を入れてください。」順番を説明しているので正解は①です。

3「その人が去って行ってからどのくらいになりましたか。」時間の経過を表す③が正解です。

4「この料理はとてもおいしいのに、なぜ食べないですか。」

5「私はその人がどこに住んでいるのか知りません。」正解は②です。④「산 지」は「住んでから」で、時間の経過を表す時に使います。

6「歌手になろうとするならば歌の練習をたくさんしなければなりません。」

【正解】**1** ④　**2** ①　**3** ③　**4** ④　**5** ②　**6** ①

間違えやすい文型

1. 理由表現「-아/어서」「-(으)니까」「-기 때문에」

-아/어서	結果に対する原因を表す。過去形には接続しない（例：×왔어서）。お礼や謝罪の表現では「-아/어서」のみ使われる（例：-아/어서 감사합니다/죄송합니다）。
-(으)니까	話し手の主観的な考えや経験から推測して判断された内容の理由を表す。文末に「-(으)ㅂ시다（～しましょう）」、「-(으)세요（～してください）」、「-지 마세요（～しないでください）」という勧誘や命令の表現を伴う場合は「-(으)니까」のみ使われる。
-기 때문에	聞き手に論理的で客観的な理由を強調して説明するとき使われる。「-아/어서」、「-(으)니까」より硬いニュアンス。

① **늦어서** 죄송합니다.（遅くなってすみません。）
② 시간이 **없으니까** 빨리 갑시다.（時間がないから早く行きましょう。）
③ 바람이 **불기 때문에** 춥습니다.（風が吹いているため、寒いです。）

2. 意志表現「-(으)ㄹ게요」「-(으)ㄹ래요」「-(으)ㄹ 거예요」

-(으)ㄹ게요	（相手に対する）話し手の意志、誓い、約束を表す。疑問文には使えない。
-(으)ㄹ래요	話し手の意志を表す時は、場面によって自分勝手な主張を表すので目上の人には使わない。疑問文で相手の意向を問うこともできる。また、「(같이) -(으)ㄹ래요?」で相手を誘うときにもよく使われる。この場合は他の表現より親しげなニュアンス。
-(으)ㄹ 거예요	ある行為をするという予定を表す。相手の予定を尋ねる時にも使える。

① 앞으로는 일찍 **올게요**.（これからは早めに来ます。）
② 저는 내일 집에서 **쉴래요**.（私は明日、家で休みます。）
③ 같이 차라도 **마실래요**?（一緒にお茶でも飲みますか。）
④ 저는 방학에는 여행을 **갈 거예요**.
（私は（学校の）休みには旅行に行く予定です。）
⑤ 오늘 저녁에 뭐 **먹을 거예요**?（今日の夕食に何食べる予定ですか。）

3. 「-고」「-아/어서」

-고　　（羅列）	二つ以上の行為や事実を羅列する場合に使う。前後の内容は特に関連性はない。
-아/어서 （先行動作）	文の前後の一連の動作は関連性がある。ほぼ先行動作として使われる。

① 서울에서 쇼핑도 **하고** 친구도 만났어요.
（ソウルでショッピングもして、友達にも会いました。）
② 친구를 **만나서** 영화를 봤어요. （友達に会って映画を見ました。）

4. 「-고 있다」「-아/어 있다」

-고 있다 （動作の進行）	ある動作の進行を表す。
-아/어 있다 （状態の継続）	ある動作や出来事が終わってその状態が続くことを表す。

① 지금 드라마를 **보고 있어요**. （今ドラマを見ています。）
② 벽에 시계가 **걸려 있어요**. （壁に時計が掛かっています。）

5. 「-는데/(으)ㄴ데」

-는데/(으)ㄴ데	後ろの内容の前提を前置き的に述べるとき使われる。 ・後ろの内容の背景、状況を説明する。 ・後ろの内容が起こる時の状況を表す。 ・前の文と後ろの文が対照的な内容であることを表す。

① **더운데** 안에서 기다릴까요? （暑いから中で待ちましょうか。）
② 다음 주에 한국에 **가는데** 맛있는 식당 알아요?
（来週韓国へ行くんですが、おいしい食堂を知っていますか。）
③ 저녁을 **먹는데** 전화가 왔어요.
（夕食を食べている時、電話が来ました。）
④ 노래는 **잘하는데** 춤은 못 춰요. （歌は上手ですが、ダンスは下手です。）
⑤ 아이는 **추운데** 밖에서 놀려고 해요.
（子供は寒いのに外で遊ぼうとします。）

敬語

1．用言に「-(으)시」を付けて敬語にする

	-(으)시다	-(으)십니다 / -(으)세요
가다（行く）	가시다（行かれる）	가십니다 / 가세요
읽다（読む）	읽으시다（お読みになる）	읽으십니다 / 읽으세요
바쁘다（忙しい）	바쁘시다（お忙しい）	바쁘십니다 / 바쁘세요
살다（住む）	사시다（お住まいだ）	사십니다 / 사세요

＊参考 「-(으)세요」には「～してください」という丁寧な指示の意味もある。

2．敬語の特殊例

먹다（食べる）／마시다（飲む）	⇒	드시다（召し上がる）
자다（寝る）	⇒	주무시다（お休みになる）
말하다（言う）	⇒	말씀하시다（おっしゃる）
죽다（死ぬ）	⇒	돌아가시다（亡くなる）
있다（いる）	⇒	계시다（いらっしゃる）
없다（いない）	⇒	안 계시다（いらっしゃらない）

＊参考 「있다（ある）⇒ 있으시다」「없다（ない）⇒ 없으시다」

3．名詞や助詞の一部にも敬語表現がある

나이（年齢）	⇒ 연세	이름（名前）	⇒ 성함
밥（ご飯）	⇒ 진지	집（家）	⇒ 댁
말（言葉）	⇒ 말씀	사람（人）	
생일（誕生日）	⇒ 생신	/-명（～名）	⇒ 분
-이/가（～が）	⇒ -께서	-은/는（～は）	⇒ -께서는
-에게（～に）	⇒ -께	-도（～も）	⇒ -께서도

＊参考 「연세」「진지」「생신」は、年配者に対してのみ使われる。

① 선생님**께서는** 신문을 **읽으세요**.（先生は新聞をお読みになります。）

② 주말에는 뭐 **하세요**?（週末には何をなさいますか。）

③ 사장님은 **안 계십니다**.（社長はいらっしゃいません。）

④ 몇 **분이십니까?**（何名様ですか。）

⑤ 내일 시간 **있으십니까**?（明日お時間ございますか。）

⑥ 많이 **드세요**.（たくさん召し上がってください。）

第 2 部

聞き取り問題対策

攻略ポイント！ 短い質問文を聞いて、それに対する返事を選ぶ問題です。「はい」か「いいえ」で返事する問題と、「いつ」、「どこ」、「何の」などの疑問詞に対する返事を選ぶ問題が出題されます。

練習問題

Ⅰ. 다음을 듣고 물음에 맞는 대답을 고르십시오.

1-2 **1.** ① 네, 시간이 없어요.　② 네, 많이 있어요.
③ 아니요, 시간이 있어요.　④ 아니요, 매일 있어요.

1-3 **2.** ① 네, 여동생이 많아요.　② 네, 여동생이 없어요.
③ 아니요, 여동생이 아니에요.　④ 아니요, 여동생이에요.

1-4 **3.** ① 네, 방이 많아요.　② 네, 방에 있어요.
③ 아니요, 방이 작아요.　④ 아니요, 방에 없어요.

1-5 **4.** ① 친구하고 만나요.　② 다음 주에 만나요.
③ 역에서 만나요.　④ 남동생이 만나요.

1-6 **5.** ① 아침에 가요.　② 혼자 가요.
③ 회사에 가요.　④ 매일 가요.

1-7 **6.** ① 영어를 공부해요.　② 학교에서 공부해요.
③ 3년 정도 할 거예요.　④ 주말에 할 거예요.

1-8 **7.** ① 버스로 왔어요.　② 언니하고 왔어요.
③ 아침에 왔어요.　④ 한국에서 왔어요.

解答と解説

Ⅰ. 次を聞いて問いにふさわしい返事を選びなさい。

1. 《女性：시간 있어요?（時間ありますか。）／男性：＿＿＿＿＿》正解は②「はい、たくさんあります」です。①「はい、時間がありません」、③「いいえ、時間があります」、④「いいえ、毎日あります」です。【正解②】

2. 《男性：여동생이에요?（妹ですか。）／女性：＿＿＿＿＿》正解は③「いいえ、妹ではありません」です。①「はい、妹が多いです」、②「はい、妹がいません」、④「いいえ、妹です」です。【正解③】

3. 《女性：방이 커요?（部屋が大きいですか。）／男性：＿＿＿＿＿》正解は③「いいえ、部屋が小さいです」です。①「はい、部屋が多いです」、②「はい、部屋にあります」、④「いいえ、部屋にありません」です。【正解③】

4. 《男性：언제 만나요?（いつ会いますか。）／女性：＿＿＿＿＿》時間について答えている②「来週会います」が正解です。①「友達と会います」、③「駅で会います」、④「弟が会います」です。【正解②】

5. 《男性：얼마나 자주 가요?（どのくらいよく行きますか。）／女性：＿＿＿＿＿》正解は④「毎日行きます」です。①「朝行きます」、②「一人で行きます」、③「会社に行きます」です。【正解④】

6. 《女性：무슨 공부를 해요?（何の勉強をしますか。）／男性：＿＿＿＿＿》正解は①「英語を勉強します」です。②「学校で勉強します」、③「3年くらいするつもりです」、④「週末にするつもりです」です。【正解①】

7. 《女性：어디에서 왔어요?（どこから来ましたか。）／男性：＿＿＿＿＿》正解は場所について答えている④「韓国から来ました」です。①「バスで来ました」、②「姉と来ました」、③「朝来ました」です。【正解④】

類型Ⅱ 後ろに続く言葉

攻略ポイント！ 短い文を聞いて、それに続く会話を選ぶ問題です。あいさつの言葉や身の回りのことを話す問題がよく出題されます。文章が短いので瞬時に日本語に置き換えて、返事を選ぶ練習をしておきましょう。

練習問題

Ⅱ. 다음을 듣고 이어지는 말을 고르십시오.

1-9 **1.** ① 괜찮아요. ② 아니에요.
③ 저도요. ④ 부탁해요.

1-10 **2.** ① 고마워요. ② 죄송해요.
③ 재미있었어요. ④ 저도 가고 싶어요.

1-11 **3.** ① 네, 자리가 없어요. ② 네, 그렇습니다.
③ 네, 들어오세요. ④ 네, 알겠습니다.

1-12 **4.** ① 천만에요. ② 뭔데요?
③ 저도 잘 부탁해요. ④ 또 만나요.

1-13 **5.** ① 축하해요. ② 모르겠어요.
③ 잘 보고 오세요. ④ 잘 지내세요.

1-14 **6.** ① 언제 만났어요? ② 반가웠습니다.
③ 언제가 좋으세요? ④ 저도 잘 지냈어요.

1-15 **7.** ① 건강하세요. ② 잘 다녀오세요.
③ 글쎄요. ④ 좋았겠어요.

解答と解説

Ⅱ．次を聞いて後ろに続く言葉を選びなさい。

1．《女性：만나서 반가웠어요.（お会いできてうれしかったです。）／男性：＿＿＿＿》正解は③「私もです」です。①「大丈夫です」、②「いいえ」、④「お願いします」です。【正解③】

2．《男性：여행 잘 다녀오세요.（旅行、楽しんできてください。）／女性：＿＿＿＿》正解は①「ありがとう」です。②「すみません」、③「面白かったです」、④「私も行きたいです」です。【正解①】

3．《女性：여기 물 좀 주세요.（ここ、お水ください。）／男性：＿＿＿＿》正解は④「はい、分かりました」です。①「はい、席がありません」、②「はい、そうです」、③「はい、お入りください」です。【正解④】

4．《男性：부탁이 하나 있는데요.（頼みが一つあるのですが。）／女性：＿＿＿＿》正解は②「何でしょうか」です。①「どういたしまして」、③「私もよろしくお願いします」、④「また会いましょう」です。【正解②】

5．《男性：저 시험에 합격했어요.（私、試験に合格しました。）／女性：＿＿＿＿》正解は①「おめでとう」です。②「分かりません」、③「（試験を）頑張ってください」、④「お元気で」です。【正解①】

6．《女性：다음에 다시 이야기합시다.（今度また話しましょう。）／男性：＿＿＿＿》正解は③「いつがよろしいですか」です。①「いつ会いましたか」、②「うれしかったです」、④「私も元気に過ごしました」です。【正解③】

7．《女性：처음으로 해외여행을 갔다 왔어요.（初めて海外旅行に行ってきました。）／男性：＿＿＿＿》正解は④「よかったでしょう（いいですね）」です。①「お元気で」、②「行ってらっしゃい」、③「そうですね…（さあ…）」です。【正解④】

類型Ⅲ　対話が行われている場所

攻略ポイント！ 短い対話を聞いて、その対話が行われている場所を選ぶ問題です。下の選択肢に取り上げられている場所を表す名詞は実際の試験にもよく出るのでしっかり覚えておきましょう。また、その場所で使われそうな語彙も一緒に覚えておきましょう。

練習問題

Ⅲ. 여기는 어디입니까? 알맞은 것을 고르십시오.

1-16 1.	① 도서관	② 꽃집	③ 우체국	④ 서점
1-17 2.	① 호텔	② 미술관	③ 식당	④ 시장
1-18 3.	① 미용실	② 사진관	③ 박물관	④ 공항
1-19 4.	① 병원	② 약국	③ 영화관	④ 공원
1-20 5.	① 학교	② 지하철	③ 여행사	④ 가게
1-21 6.	① 문구점	② 기차역	③ 버스 정류장	④ 회사

解答と解説

Ⅲ．ここはどこですか。適切なものを選びなさい。

1．《女性：이 책을 빌리고 싶은데요．（この本を借りたいのですが。）／男性：신청서를 써 오시면 됩니다．（申請書を書いて来られればいいです。）》「借りる」という言葉から正しい場所は①「図書館」です。②「花屋」、③「郵便局」、④「書店」です。【正解①】

2．《男性：손님，죄송하지만 지금 자리가 없습니다．（お客様、申し訳ございませんが今、席がありません。）／女性：그럼 기다릴게요．（それでは待ちます。）》正しい場所は③「食堂」です。①「ホテル」、②「美術館」、④「市場」です。【正解③】

3．《男性：어떻게 해 드릴까요?（どうなさいますか。）／女性：머리를 짧게 자르고 파마도 하고 싶어요．（髪を短く切ってパーマもしたいです。）》正しい場所は①「美容室」です。②「写真館」、③「博物館」、④「空港」です。【正解①】

4．《男性：저 나무 아래에 앉아서 조금 쉬어요．（あの木の下に座って少し休みましょう。）／女性：좋아요．도시락도 먹어요．（いいです。お弁当も食べましょう。）》正しい場所は④「公園」です。①「病院」、②「薬局」、③「映画館」です。【正解④】

5．《女性：1호선으로 갈아타고 싶은데 다음 역에서 내리면 돼요?（1号線に乗り換えたいのですが、次の駅で降りればいいですか。）／男性：네，맞아요．（はい、そうです。）》正しい場所は②「地下鉄」です。①「学校」、③「旅行会社」、④「店」です。【正解②】

6．《女性：다음 버스는 몇 분 후에 와요?（次のバスは何分後に来ますか。）／男性：10분마다 오니까 조금만 기다리면 올 거예요．（10分ごとに来るので少しだけ待てば来るでしょう。）》正しい場所は③「バス停」です。①「文具店」、②「（鉄道の）駅」、④「会社」です。【正解③】

トピックを探す

攻略ポイント！ 短い会話を聞いて、そのトピックを選ぶ問題です。ポイントとなる語彙は最初に来る場合が多いので聞き逃さないようにしましょう。

練習問題

Ⅳ. 다음은 무엇에 대해 말하고 있습니까? 알맞은 것을 고르십시오.

1-22 1. ① 나이 ② 형제 ③ 고향 ④ 일

1-23 2. ① 선물 ② 쇼핑 ③ 휴일 ④ 값

1-24 3. ① 주소 ② 날씨 ③ 가족 ④ 계획

1-25 4. ① 방학 ② 교통 ③ 시간 ④ 약속

1-26 5. ① 날짜 ② 여행 ③ 음식 ④ 계절

解答と解説

Ⅳ. 次は何について話していますか。適切なものを選びなさい。

1. 《女性：저는 언니가 한 명 있어요.（私には姉が一人います。）／男性：저는 누나하고 형이 있어요.（私には姉と兄がいます。）》「姉」、「兄」という言葉から正解は②「兄弟」になります。①「年齢」、③「故郷」、④「仕事」です。 【正解②】

2. 《男性：이거 어디에서 샀어요?（これ、どこで買いましたか。）／女性：생일 때 친구한테서 받았어요.（誕生日の時、友達からもらいました。）》買ったのではなく、友達からもらったので正解は①「プレゼント」になります。②「買い物」、③「休日」、④「値段」です。【正解①】

3. 《女性：주말에 뭐 할 거예요?（週末に何する予定ですか。）／男性：친구 결혼식이 있어서 고향에 가려고 해요.（友達の結婚式があるので故郷に帰ろうと思います。）》週末の予定について話しているので正解は④「計画」になります。①「住所」、②「天気」、③「家族」です。 【正解④】

4. 《男性：여기에서 도서관까지 어떻게 가요?（ここから図書館までどうやって行きますか。）／女性：버스를 타면 한 번에 갈 수 있어요.（バスに乗れば一本で行けます。）》行き方について話しているので正解は②「交通」になります。①「（学校の）休み」、③「時間」、④「約束」です。 【正解②】

5. 《男性：이렇게 많이 언제 다 만들었어요?（こんなにたくさんいつ全部作りましたか。）／女性：제가 요리를 잘 못하니까 어머니가 일찍 오셔서 도와주셨어요.（私が料理があまりできないから、母が早く来て手伝ってくださいました。）》「作る」、「料理」という言葉から正解は③「食べ物」になります。①「日にち」、②「旅行」、④「季節」です。 【正解③】

類型Ⅴ　内容と合う絵

攻略ポイント！ 二人の会話の内容に合う絵を選ぶ問題です。聞く前に絵を確認しておくと、これから聞く内容を予測することができるでしょう。

練習問題

Ⅴ. 다음 대화를 듣고 알맞은 그림을 고르십시오.

1. (1-27)

①

②

③

④

2. (1-28)

①

②

③

④

解答と解説

Ⅴ. 次の対話を聞いて適切な絵を選びなさい。

1. 《女性：이거 한번 써 보세요. 색깔이 아주 예쁘지요? (これ一度かぶってみてください。色がとてもきれいでしょう。) ／男性：네, 마음에 들어요. (はい、気に入りました。)》「쓰다」には「書く、使う」以外にも「(帽子を) かぶる」、「(眼鏡を) かける」などの意味があります。従って正解は帽子を試着しようとしている②になります。①「手袋をはめる」は「장갑을 끼다」、③「ズボンをはく」は「바지를 입다」、④「靴をはく」は「구두를 신다」です。【正解②】

2. 《男性：이 식당은 사람이 너무 많네요. (この食堂は人がとても多いですね。) ／女性：그래도 유명하니까 기다려요. (でも有名だから待ちましょう。)》「待つ」という言葉からまだ店には入っていないことが分かります。従って正解は外で並んでいる④になります。【正解④】

練習問題

3. 1-29

①

②

③

④

4. 1-30

①

②

③

④

解答と解説

3. 《男性：시험 문제를 받으면 먼저 이름을 쓰세요.（試験問題をもらったらまず名前を書いてください。）／女性：연필로 써도 돼요?（鉛筆で書いてもいいですか。）》「もらったら」という言葉からまだ試験が始まっていないことが分かります。従って正解はまだ試験用紙が配られていない①になります。【正解①】

4. 《女性：저는 이 영화가 재미있을 것 같아요.（私はこの映画が面白いだろうと思います。）／男性：그건 다른 친구하고 보러 가기로 해서요.（それは他の友達と見に行くことにしているので。）》「面白いだろうと思います」からまだ見てないことが分かります。また「この」、「それは」という指示代名詞が使われているところから何かを見ながら話していることが分かります。従って正解は映画のポスターの前で映画を選んでいる③になります。【正解③】

攻略ポイント！ 3、4回くらいのやりとりからなる男女の会話を聞いて、一致する内容を選ぶ問題です。音声が始まる前に一通り選択肢に目を通し、聞きながら選択肢の内容を一緒に確認していくといいでしょう。音声で「女性」と「男性」が言っている内容が選択肢では入れ替わっていて間違いになっている場合があるので、それも注意する必要があります。

練習問題

Ⅵ. 다음을 듣고 대화 내용과 같은 것을 고르십시오.

1-31
1. ① 여자는 남자에게 전화를 했습니다.
   ② 남자는 여자를 많이 기다렸습니다.
   ③ 남자는 집에서 늦게 나왔습니다.
   ④ 여자는 남자보다 조금 늦게 도착했습니다.

1-32
2. ① 남자는 연극 티켓을 2장 받았습니다.
   ② 여자는 연극에 별로 관심이 없습니다.
   ③ 여자는 남자와 같이 연극을 보러 갈 겁니다.
   ④ 남자는 주말 저녁에 다른 약속이 있습니다.

1-33
3. ① 여자는 가게 예약을 못 했습니다.
   ② 여자는 토요일 5시로 예약을 했습니다.
   ③ 여자는 혼자서 가게에 갈 겁니다.
   ④ 여자는 많이 기다린 후에 가게에 들어갔습니다.

解答と解説

問題文全訳　別冊 p.19

Ⅵ. 次を聞いて対話の内容と同じものを選びなさい。

1.《女性：수현 씨, 미안해요. 많이 기다렸죠 (長いこと待ったでしょう)? ／男性：아니에요. 저도 방금 왔어요 (ちょっと前に着いたところです). ／女性：집에서 나오려고 하는데 (出ようとしている時に) 전화가 와서요.》①「電話をした」(×) →していない、②「長いこと待った」(×) →ちょっと前に着いた、③「男性は家を遅く出た」(×) →家を出るのが遅れたのは女性、従って正解は④「女性は男性より少し遅れて着きました」になります。【正解④】

2.《男性：주말에 시간 있으면 저하고 같이 연극 보러 갈래요 (演劇を見に行きませんか)? 친구한테서 티켓을 2장 받아서요. ／女性：그래요? 저도 연극 정말 좋아하는데 (大好きですが), 몇 시부터예요? ／男性：저녁 7시부터예요. ／女性：아, 어떡하죠? 저녁에는 이미 다른 약속이 있어서요 (ああ、どうしましょう。夕方にはすでに他の約束があるんです).》②「あまり興味がない」(×) →大好きだ、③「一緒に」(×) →女性は他の約束がある、④「男性は」(×) →女性は、従って正解は①「男性は演劇のチケットを２枚もらいました」になります。【正解①】

3.《女性：저, 토요일에 2명 예약하고 싶은데요. 자리 있어요 (予約したいのですが。席ありますか)? ／男性：손님, 죄송합니다. 저희 가게는 주말에 예약을 받지 않습니다 (当店は週末に予約をお受けしておりません). ／女性：그래요? 그럼 몇 시 정도에 가면 기다리지 않고 들어갈 수 있어요 (待たずに入れるでしょうか)? ／男性：5시 정도에 오시면 바로 들어가실 수 있을 겁니다 (すぐ入れると思います).》②「5時で予約をした」(×) →予約できなかった、③「一人で店に行くでしょう」(×) →２名で予約したかった、④「長いこと待ってから店に入った」(×) →まだ行っていない、従って正解は①「女性は店の予約ができませんでした」になります。【正解①】

練習問題

4. 1-34
① 남자는 새로 나온 카메라를 살 겁니다.
② 여자는 카메라 가게에서 일하고 있습니다.
③ 남자가 사고 싶은 카메라가 가게에 없습니다.
④ 남자는 일 때문에 카메라가 필요합니다.

5. 1-35
① 남자는 영화 표를 예매했습니다.
② 남자는 별로 보고 싶은 영화가 없습니다.
③ 남자는 여자가 추천해 준 영화가 마음에 안 듭니다.
④ 남자는 나중에 표를 사러 다시 올 겁니다.

6. 1-36
① 남자는 저녁에 식당에 가서 식사를 합니다.
② 여자는 남자와 함께 재료를 사러 갑니다.
③ 여자는 해물탕을 별로 좋아하지 않습니다.
④ 남자는 추워서 밖에 나가지 않습니다.

解答と解説

問題文全訳　別冊 p.19, 20

4. 《男性：안녕하세요? 이 카메라를 사고 싶은데요. ／女性：그건 작년 모델인데요. 그거보다 이번에 새로 나온 (新しく出た) 이 모델이 기능도 많아서 (機能も多くて) 아주 좋아요. 한번 보시겠어요? ／男性：저는 취미로 하는 거라서요 (趣味でやっているものですから). 그냥 이걸로 주세요.》①「新しく出たカメラ」(×) →決めてきたカメラ、③「店にない」(×) →ある、④「仕事のため」(×) →趣味で、従って正解は②「女性はカメラ屋で働いています」になります。

【正解②】

5. 《男性：저, 재미있는 영화 한 편 추천해 (一本推薦して) 주시겠어요? ／女性：요즘에는 이 영화가 가장 인기가 있습니다. 주말에는 미리 예매하지 않으면 (あらかじめ前売り券を買わないと) 못 봐요. ／男性：아, 이 영화 들어 본 적 있어요. 유명한 배우들도 많이 나오지요 (出ているでしょう)? 그럼 이 영화로 두 장 예매할게요. 다음 주 토요일 2시 걸로 주세요. ／女性：네, 알겠습니다.》②「あまり見たい映画がない」(×) →薦められた映画が見たい、③「女性が薦めてくれた映画が気に入らない」(×) →見たいと思っている、④「後でチケットを買いにまた来るでしょう」(×) →今買った、従って正解は①「男性は映画の前売り券を買いました」です。

【正解①】

6. 《男性：날씨가 이렇게 추울 때는 따뜻한 요리가 좋겠어요. 수진 씨는 뭐 먹고 싶어요? ／女性：저도 따뜻한 요리가 먹고 싶네요. 그럼 오늘 저녁은 해물탕 (海鮮鍋) 을 만들어 볼까요? ／男性：좋아요. 재료 (材料) 는 제가 지금 나가서 (出かけて) 사 올게요. 필요한 거 메모해 주세요. ／女性：아니에요, 같이 가요. 제가 직접 (直接) 고르고 싶어요. 케이크 가게에 들러서 디저트도 사고 싶고요 (寄ってデザートも買いたいですし).》①「食堂に行って食事する」(×) →家で作る、③「海鮮鍋があまり好きではない」(×) →作って食べようとしている、④「寒くて外に出ない」(×) →買い物に行く、従って正解は②「女性は男性と一緒に材料を買いに行きます」になります。

【正解②】

攻略ポイント！ 少し長めの男女の会話を聞いて、男性（あるいは女性）の中心となる考えを選ぶ問題です。男性の中心となる考えを選ぶ問題の場合は、女性より男性の会話に注目して聞きましょう。

練習問題

Ⅶ. 다음을 듣고 남자의 중심 생각을 고르십시오.

1-37
1. ① 자전거를 매일 타는 것은 좋은 운동이 됩니다.
② 집이 멀어도 자전거를 타고 싶습니다.
③ 운동은 시간을 정해서 해야 합니다.
④ 같이 자전거를 탈 사람이 있으면 좋겠습니다.

1-38
2. ① 갑자기 부탁을 하는 것은 안 좋습니다.
② 회의 때 필요한 서류를 보내야 합니다.
③ 서류 준비를 도와주었으면 좋겠습니다.
④ 서류를 빨리 준비해 주었으면 좋겠습니다.

1-39
3. ① 영어 설명을 읽어 보는 것은 재미있습니다.
② 관광지에 영어로 설명을 써 놓는 것이 좋습니다.
③ 유명한 관광지에는 영어도 같이 써 놓아야 합니다.
④ 영어가 없어도 관광객이 많이 오면 좋겠습니다.

解答と解説

問題文全訳　別冊 p.20

Ⅶ. 次を聞いて男性の中心となる考えを選びなさい。

1.《女性：이거 민준 씨 자전거예요?／男性：네, 요즘 운동할 시간이 없어서 출퇴근할 때만이라도（出社と退社の時だけでも）자전거를 타기로 했어요（乗ることにしました).／女性：좋은 생각이네요. 저는 집이 멀어서 하고 싶어도 못 해요.／男性：시작한 지 얼마 안 됐는데（始めてからまだ間もないですが）앞으로 계속 하려고요. 매일 타면 좋은 운동이 될 것 같아요（なりそうです).》男性は運動のために毎日自転車に乗ろうとしています。従って正解は①「自転車に毎日乗るのはいい運動になります」です。②「家が遠くても自転車に乗りたいです」、③「運動は時間を決めてするべきです」、④「一緒に自転車に乗る人がいたらいいです」です。【正解①】

2.《男性：지난주에 부탁한 서류（頼んだ書類）는 아직 준비가 안 됐어요（できていませんか)?／女性：그 서류는 천천히 준비하려고（準備しようと）하는데요. 급한 거예요（急ぐものですか)?／男性：내일 회의 때 필요해서요. 미안하지만 오늘 중으로（今日中に）준비해 줄 수 있어요?／女性：네, 그렇게 할게요.》男性は頼んでいた書類を早く準備するように頼んでいるので、正解は④「書類を早く準備してくれるといいです」になります。①「突然お願いをするのはよくないです」、②「会議の時に必要な書類を送らなければなりません」、③「書類の準備を手伝ってくれるといいです」です。【正解④】

3.《男性：이렇게 설명（説明）을 영어로도 써 놓으니까（英語でも書いておくと）외국인 관광객들도 알기 쉽겠어요（分かりやすいでしょうね).／女性：여기는 유명한 관광지라서 그렇지만（観光地だからそうですけれど）보통 없는 곳이 더 많아요（ないところの方が多いです).／男性：다른 곳도 영어를 써 놓으면 관광객이 더 많이 오지 않을까요（来るのではないでしょうか)?／女性：그렇죠. 앞으로 그렇게 되면 좋겠네요.》男性は英語の説明がいいと言っているので正解は②「観光地に英語で説明を書いておくのがいいです」です。①「英語の説明を読んでみるのは面白いです」、③「有名な観光地には英語も一緒に書いておかなければなりません」、④「英語がなくても観光客がたくさん来ればいいです」です。【正解②】

練習問題

4. ① 호텔 예약을 취소하고 싶습니다.
1-40
② 수수료 때문에 취소하고 싶지 않습니다.
③ 호텔 예약은 미리 해야 합니다.
④ 취소보다 변경하는 것이 좋습니다.

5. ① 친구하고 같이 만들어서 더 신납니다.
1-41
② 책장을 만들어서 선물을 하고 싶습니다.
③ 직접 만드는 것은 재미있습니다.
④ 만드는 것을 배우고 싶습니다.

6. ① 인기가 많아서 수업을 들을 수 없을 것 같습니다.
1-42
② 수업 내용이 어려워서 걱정입니다.
③ 자리를 더 많이 만들어야 합니다.
④ 좋은 자리에 앉기 위해서 빨리 가려고 합니다.

解答と解説

問題文全訳　別冊 p.20, 21

4. 《男性：이번 주 토요일부터 2박 (泊) 예약했는데요, 죄송하지만 취소할 수 있어요?／女性：취소는 가능하지만, 수수료 (手数料) 를 조금 내셔야 합니다 (払わなければなりません). 날짜를 변경하시면 (変更されれば) 수수료를 내지 않으셔도 되는데요. ／男性：여행을 못 가게 돼서요 (行けなくなったので). 어쩔 수 없죠 (仕方ないです). 그냥 취소해 주세요 (そのままキャンセルしてください). ／女性：네, 알겠습니다.》男性は旅行に行けなくなったのでホテルをキャンセルしようとしています。従って正解は①「ホテルの予約をキャンセルしたいです」です。②「手数料のためにキャンセルしたくありません」、③「ホテルの予約はあらかじめしなければなりません」、④「キャンセルより変更する方がいいです」です。【正解①】

5. 《女性：이 물건들은 뭐예요? ／男性：제가 요즘 만들고 있는 작품 (作品) 이에요. 슈퍼에 놓여 있는 상자 (置いてある箱) 를 가지고 와서 그걸 자르거나 붙여서 (切ったり貼ったりして) 작은 책장 (本棚) 을 만들고 있는 중이에요. ／女性：우와, 대단하네요. 기대돼요 (楽しみです). 다 만들면 (出来上がったら) 꼭 보여 주세요. ／男性：네, 그런데 은주 씨도 한번 해 보세요. 아주 간단하고 재미있어요. 돈도 절약 (節約) 할 수 있고요.》男性は自分で作る作業が楽しいと言っているので正解は③「直接作るのは面白いです」です。①「友達と一緒に作るのでもっと楽しいです」、②「本棚を作ってプレゼントしたいです」、④「作ることを習いたいです」です。【正解③】

6. 《女性：오늘 수업 어땠어요? ／男性：수업 내용은 좋았는데 학생들이 너무 많아서 자리가 좀 불편했어요 (不便でした). 게다가 지각해서 (しかも遅刻して) 가장 뒷자리 (後ろの席) 에 앉았는데 잘 안 보였어요 (見えませんでした). ／女性：그 수업은 항상 인기가 많아요 (いつも人気が高いです). 저도 그 수업을 들었을 때 수업이 시작하기 30분 전에는 교실에 가서 기다렸어요. ／男性：그렇구나. 저도 앞으로는 빨리 가서 앞자리에 앉으려고 해요 (座ろうと思います).》男性は遅刻して後ろの席に座ってよく見えなかったと言っています。従って正解は④「いい席に座るために早く行こうと思います」です。①「人気が高くて授業を聞けないようです」、②「授業の内容が難しくて心配です」、③「席をもっと多く作らなくてはなりません」です。【正解④】

攻略ポイント！ 男女の会話、あるいは男性か女性の話を聞いて、2問に答える問題です。主に「何に関する話なのか」、「二人は何について話しているのか」、「女性（あるいは男性）はなぜある行動をしたのか」と「内容と一致するものはどれか」が問われます。長めの内容なので音声を聞く前に指示文を確認して、聞きながらメモを取るようにしましょう。特に女性と男性の話の内容を区別してメモを取るといいでしょう。

練習問題

Ⅷ. 다음을 듣고 물음에 답하십시오.

1-43
1.
(1) 어떤 이야기를 하고 있는지 고르십시오.
① 초대　② 안내　③ 인사　④ 설명

(2) 들은 내용과 같은 것을 고르십시오.
① 이 회사는 계속 발전하고 있습니다.
② 회사를 그만두는 사람의 이야기입니다.
③ 회사 발전을 위해 열심히 노력할 겁니다.
④ 회사 직원들과 처음 만났습니다.

1-44
2.
(1) 어떤 이야기를 하고 있는지 고르십시오.
① 부탁　② 질문　③ 신청　④ 소개

(2) 들은 내용과 같은 것을 고르십시오.
① 부모님이 아이에게 이 인형을 주었습니다.
② 인형을 만든 사람은 유명한 사람입니다.
③ 인형이 지금 어디에 있는지 알 수 없습니다.
④ 인형은 약 100년 전에 팔렸습니다.

解答と解説

問題文全訳　別冊 p.21, 22

Ⅷ. 次を聞いて質問に答えなさい。

1.《男性：여러분 덕분에 제가 이번에 부사장으로 승진할 수 있었습니다. 앞으로 이 회사를 제 집보다 더 소중하게 생각하고 여러분들을 제 가족같이 생각해서 더 발전하는 회사를 만들겠습니다. 회사가 어려울 때도 떠나지 않고 저를 믿어 주신 여러분들의 사랑을 저는 지금도 잊을 수 없습니다. 그래서 저는 앞으로 여러분들을 위해서 노력할 것입니다. 여러분들도 계속해서 옆에서 도와주시고 많은 관심 부탁드립니다.》

(1) ［どんな話をしているのか選びなさい。］昇進に関する感謝のあいさつなので正解は③「あいさつ」になります。①「招待」、②「案内」、④「説明」です。　【正解③】

(2) ［聞いた内容と同じものを選びなさい。］①「続けて発展している」（×）→一時大変だった、②「辞める人の話」（×）→昇進した人の話、④「初めて会った」（×）→ずっと一緒に努力してきた、従って正解は③「会社の発展のために一生懸命に努力するでしょう」です。　【正解③】

2.《女性：여러분들이 지금 보시는 이 나무 인형은 1920년대에 제작된 것입니다. 약 100년 전에 이렇게 아름다운 인형을 어떻게 만들 수 있었을까요? 만든 사람에 대해서는 전혀 알 수 없지만 한 가지 알 수 있는 것은 이 인형을 박물관에 기증한 여성 분이 어렸을 때 부모님께 받은 선물이라는 것입니다. 그 여성 분이 지금까지 소중하게 가지고 있었는데 많은 아이들에게 이 인형을 보여 주고 싶어서 기증해 주셨습니다.》

(1) ［どんな話をしているのか選びなさい。］100年前に作られた木の人形を紹介しているので正解は④「紹介」になります。①「お願い」、②「質問」、③「申請」です。　【正解④】

(2) ［聞いた内容と同じものを選びなさい。］②「有名な人」（×）→誰が作ったか分からない、③「今どこにあるのか分からない」（×）→博物館にある、④「100年前に売れた」（×）→100年前に作られた、従って正解は①「両親が子供にこの人形をあげました」です。　【正解①】

練習問題

3.
1-45
(1) 두 사람이 무엇에 대해 이야기를 하고 있는지 고르십시오.
① 영어를 공부하는 방법
② 주말에 하는 일
③ 책을 사는 곳
④ 좋은 책을 고르는 방법

(2) 들은 내용과 같은 것을 고르십시오.
① 여자는 취직 시험을 봤습니다.
② 남자는 영어를 매일 듣습니다.
③ 남자는 책을 사러 서점에 갈 겁니다.
④ 여자는 아르바이트를 하지 않습니다.

4.
1-46
(1) 두 사람이 무엇에 대해 이야기를 하고 있는지 고르십시오.
① 카페에서 일한 경험
② 청소하는 방법
③ 손님에게 인사하는 방법
④ 아침에 와서 해야 할 일

(2) 들은 내용과 같은 것을 고르십시오.
① 여자는 카페에서 일한 적이 없습니다.
② 남자는 여자에게 일을 가르칩니다.
③ 여자는 남자와 만난 적이 있습니다.
④ 남자와 여자는 카페에서 새로 일을 시작합니다.

解答と解説

問題文全訳　別冊 p.22

3. 《女性：취직 준비 잘 하고 있어요? ／男性：아니요, 요즘 아르바이트 때문에 바빠서요. ／女性：저도 그래요. 취직 시험이 얼마 안 남아서 영어 공부를 하고 싶은데 주말에는 아르바이트 때문에 시간이 없고……. ／男性：그럼 라디오 강의를 들어 보세요. 저는 매일 아침에 20분 정도 지하철에서 듣는데 아주 좋아요. ／女性：아, 그런 방법이 있었군요. 책은 어디에서 사면 되죠? ／男性：서점에 가면 라디오 강의 교재 코너가 있어요.》

(1) ［二人が何について話しているのか選びなさい。］女性が就職のために英語を勉強したいと言って、男性がラジオ講座を勧めているので、正解は①「英語を勉強する方法」です。②「週末にすること」、③「本を買う所」、④「良い本を選ぶ方法」です。【正解①】

(2) ［聞いた内容と同じものを選びなさい。］①「就職試験を受けた」（×）→これから受ける、③「男性は」（×）→女性が行く、④「アルバイトをしない」（×）→している、従って正解は②「男性は英語を毎日聞いています」です。【正解②】

4. 《女性:안녕하세요? 오늘부터 새로 들어온 김민지라고 합니다. ／男性:처음 뵙겠습니다. 카페에서 일하는 건 처음이에요? ／女性：아니요, 대학교 때 아르바이트를 한 적이 있어요. ／男性：그럼 걱정 없네요. 우선 아침에 와서 해야 할 일부터 설명할게요. 카페 문을 열기 전에 청소 상태를 확인해 주시고요, 그 후에 오늘의 메뉴를 이 종이에 손으로 직접 써 주세요. ／女性：저, 그런데 청소는 아침에 안 해도 돼요? ／男性：네, 청소는 전날 하니까 아침에는 확인만 해 주시면 됩니다.》

(1) ［二人が何について話しているのか選びなさい。］男性が新しく入った女性に「朝来てやるべき仕事」を教えているので正解は④です。①「カフェで働いた経験」、②「掃除する方法」、③「お客さんにあいさつする方法」です。【正解④】

(2) ［聞いた内容と同じものを選びなさい。］①「働いたことがない」（×）→ある、③「会ったことがある」（×）→初めて会う、④「男性と女性は」（×）→女性だけ新しく入った、従って正解は②「男性は女性に仕事を教えます」です。【正解②】

練習問題

5. 1-47

(1) 여자는 왜 남자에게 전화를 했습니까?
① 거래처의 팩스 번호를 물어보려고
② 서류에 써 있는 내용을 물어보려고
③ 서류를 거래처에 보내려고
④ 거래처에서 만날 약속을 하려고

(2) 들은 내용과 같은 것을 고르십시오.
① 여자는 지금 회사에 있습니다.
② 여자는 지금 거래처에 가야 합니다.
③ 남자는 거래처 사람과 만날 겁니다.
④ 남자는 거래처에 서류를 보냅니다.

6. 1-48

(1) 여자는 왜 편지를 씁니까?
① 사진기를 다시 사고 싶어서
② 사진기를 보내 준 사람을 찾고 싶어서
③ 호텔을 새로 예약하고 싶어서
④ 감사의 마음을 전하고 싶어서

(2) 들은 내용과 같은 것을 고르십시오.
① 여자는 최근에 사진기를 샀습니다.
② 여자는 호텔 직원에게 편지를 받았습니다.
③ 여자는 사진기를 사러 갈 겁니다.
④ 여자는 다음 달에 여행을 가려고 합니다.

解答と解説

問題文全訳　別冊 p.22, 23

5.《女性：여보세요, 진수 씨 지금 어디예요?／男性：저 아직 회사에 있는데요. 왜 그러세요?／女性：아, 다행이네요. 부탁이 하나 있는데요. 제 책상 위에 서류가 한 장 있을 거예요.／男性：잠시만요, (잠시 후) 네, 있어요.／女性：그 서류를 오늘까지 거래처로 보내야 하는데 제가 깜박해서요. 죄송하지만 팩스로 거래처에 보내 줄 수 있어요? 정말 미안해요.／男性：네, 걱정하지 마세요. 제가 보낼게요.》

(1) ［女性はなぜ男性に電話をしましたか。］自分の代わりに取引先にファックスを送るよう男性に頼んでいるので正解は③「書類を取引先に送ろうと」です。①「取引先のファックス番号を聞こうと」、②「書類に書いてある内容を聞こうと」、④「取引先で会う約束をしようと」です。【正解③】

(2) ［聞いた内容と同じものを選びなさい。］①「会社にいる」（×）→会社にはいない、②「取引先に行かなければならない」（×）→書類を送らなければならない、③「取引先の人と会う」（×）→書類を送るだけ、従って正解は④「男性は取引先に書類を送ります」です。【正解④】

6.《男性：지난달에 여행 가서 잃어버린 사진기는 어떻게 됐어요?／女性：그게 제가 묵은 호텔에서 청소하는 직원이 사진기를 발견해서 집으로 보내 주었어요.／男性：정말 고마운 사람이네요. 산 지 얼마 안 된 사진기였지요?／女性：네, 그래서 사진기가 없는 걸 알았을 때는 정말 울고 싶었어요.／男性：요즘 그런 사람이 별로 없는데 운이 좋았네요.／女性：그래서 편지를 쓰려고요. 너무 멀어서 직접 가지는 못하니까 감사의 편지 정도는 보내는 게 좋을 것 같아요.》

(1) ［女性はなぜ手紙を書きますか。］女性は旅行先でカメラをなくしましたが、それをホテルの人が女性の家まで送ってくれました。従って正解は④「感謝の気持ちを伝えたくて」です。①「カメラをもう一度買いたくて」、②「カメラを送ってくれた人を見つけたくて」、③「ホテルを新たに予約したくて」です。【正解④】

(2) ［聞いた内容と同じものを選びなさい。］②「手紙をもらった」→カメラを送られた、③「カメラを買いに行く」→ホテルの人に手紙を書く、④「来月旅行に行こうとしている」→先月行ってきた、従って正解は①「女性は最近カメラを買いました」です。【正解①】

用言の不規則活用

1. ㅂ不規則活用

		−(으)면	−아/어요
「ㅂ」パッチムが脱落し、「우」になる。(*「−와요」に注意)	춥다（寒い）	추우면	추워요
	맵다（辛い）	매우면	매워요
	어렵다（難しい）	어려우면	어려워요
	돕다（手伝う）	도우면	도와요*
規則活用	좁다（狭い）	좁으면	좁아요
	입다（着る）	입으면	입어요

2. ㄷ不規則活用

		−(으)면	−아/어요
「ㄷ」パッチムが「ㄹ」に変わる。	걷다（歩く）	걸으면	걸어요
	듣다（聞く）	들으면	들어요
	묻다（問う）	물으면	물어요
規則活用	받다（受け取る）	받으면	받아요
	믿다（信じる）	믿으면	믿어요

3. ㅅ不規則活用

		−(으)면	−아/어요
「ㅅ」パッチムが脱落する。	낫다（治る、ましだ）	나으면	나아요
	붓다（腫れる）	부으면	부어요
	짓다（建てる）	지으면	지어요
規則活用	웃다（笑う）	웃으면	웃어요
	씻다（洗う）	씻으면	씻어요

4. ㅎ不規則活用

		−(으)면	−아/어요
「ㅎ」パッチムが脱落する。「−아/어요」体は「애」「얘」になる。	이렇다（こうだ）	이러면	이래요
	그렇다（そうだ）	그러면	그래요
	하얗다（白い）	하야면	하얘요
規則活用	좋다（いい）	좋으면	좋아요
	넣다（入れる）	넣으면	넣어요

5．으不規則活用

		−아/어요
「−아/어요」体では母音「으」が脱落し、その前の文字の母音によって「ㅏ/ㅓ」が決まる。 語幹が1文字の場合は「ㅓ」が付く。	아프다（痛い）	아파요
	바쁘다（忙しい）	바빠요
	슬프다（悲しい）	슬퍼요
	기쁘다（うれしい）	기뻐요
	쓰다（書く、使う）	써요

6．르不規則活用

		−아/어요
「−아/어요」体では母音「으」が脱落し、「르」の前の母音によって「라/러」の形になる。さらにその前の文字に「ㄹ」パッチムが添加される。	빠르다（速い）	빨라요
	모르다（知らない）	몰라요
	기르다（育てる、飼う）	길러요
	부르다（呼ぶ、歌う）	불러요
*注意　으不規則活用	따르다（従う、注ぐ）	따라요
	들르다（立ち寄る）	들러요

7．ㄹ脱落

	만들다（作る）
①「ㅂ/ㄴ/ㅅ」の前では「ㄹ」パッチムが脱落する。	만듭시다（作りましょう）
	만드네요（作りますね）
	만드세요（お作りになります）
②「−(으)면」、「−(으)러」、「−(으)려고」の場合は、「ㄹ」パッチムは脱落しないが「−(으)」を付けない。	만들면（作れば）
	만들러（作りに）
	만들려고（作ろうと）

① **매우니까** 못 먹어요.（辛いので食べられません。）
② 노래를 **들으면서** 공부해요.（歌を聞きながら勉強します。）
③ 감기가 빨리 **나았으면** 좋겠어요.（風邪が早く治ればいいです。）
④ 이 그림은 **어때요**?（この絵はどうですか。）
⑤ 선물을 받아서 **기뻤어요**.（お土産をもらってうれしかったです。）
⑥ 노래방에서 노래를 **불러요**.（カラオケで歌を歌います。）
⑦ 저는 외국에 **삽니다**.（私は外国に住んでいます。）

連体形

1．動詞

過去連体形	現在連体形	未来連体形
−(으)ㄴ	−는	−(으)ㄹ

① 저 사람은 **만난 적**이 없어요.（あの人には会ったことがないです。）
② 한국어를 **배우는 사람**이 많아요.（韓国語を習っている人が多いです。）
③ 파티에 **갈 사람**이 몇 명이에요?（パーティに行く人は何人ですか。）

2．形容詞

現在連体形	未来連体形
−(으)ㄴ	−(으)ㄹ

① **유명한 곳**을 가르쳐 주세요.（有名なところを教えてください。）
② 운동회에 **많은 사람**이 왔어요.（運動会にたくさんの人が来ました。）
③ 내일은 날씨가 **좋을 것** 같아요.（明日は天気がよさそうです。）

3．「있다（ある／いる）」「없다（ない／いない）」

現在連体形	未来連体形
−는	−(으)ㄹ

① **재미있는 영화**를 보고 싶어요.（面白い映画を見たいです。）
② 약속이 **없는 날**도 있어요.（約束がない日もあります。）
③ 집에는 아무도 **없을 거**예요.（家には誰もいないでしょう。）
＊参考　上記の 1、2、3 の未来連体形は推測、予定、意図などを表す時によく使われる。

4．名詞（−이다）

現在連体形
−인

① 제 **친구인 영수**예요.（私の友達であるヨンスです。）
② **학생인 경우**는 요금이 더 싸요.
（学生である場合は料金がもっと安いです。）

第 3 部

読解問題対策

攻略ポイント！ 短い二つの文を読んで共通する話題またはキーワードを探す問題です。「運動」、「家族」、「季節」など身近な内容が多いです。下の選択肢に取り上げられている語は試験にもよく出題されるので覚えておきましょう。

練習問題

Ⅰ. 무엇에 대한 이야기입니까? 알맞은 것을 고르십시오.

1. 수업은 두 시부터 시작합니다. 그리고 네 시에 끝납니다.

① 선물　② 주말　③ 시간　④ 날짜

2. 바람이 찹니다. 눈도 많이 내립니다.

① 운동　② 겨울　③ 요일　④ 안내

3. 저는 김수미라고 합니다. 이쪽은 제 친구 요시다 씨입니다.

① 뉴스　② 가족　③ 직업　④ 이름

4. 저는 언니와 오빠가 있습니다. 그리고 남동생도 있습니다.

① 형제　② 친구　③ 장소　④ 휴일

5. 오늘은 제 생일입니다. 스무 살이 됩니다.

① 고향　② 나이　③ 인사　④ 노래

6. 오전에는 흐리겠습니다. 오후부터는 맑겠습니다.

① 날씨　② 얼굴　③ 손님　④ 여행

7. 내일 친구를 만납니다. 지하철역에서 11시에 만나기로 했습니다.

① 구경　② 연습　③ 약속　④ 인기

解答と解説

Ⅰ．何に関する話ですか。適切なものを選びなさい。

1． 授業は2時から始まります。そして4時に終わります。

「2時から」、「4時に」という言葉から正解は③「時間」だと分かります。①「プレゼント」、②「週末」、④「日付」です。　【正解③】

2． 風が冷たいです。雪もたくさん降ります。

「冷たい」、「雪」という言葉から正解は②「冬」です。①「運動」、③「曜日」、④「案内」です。　【正解②】

3． 私はキム・スミと申します。こちらは私の友達の吉田さんです。

自分と友達の名前を紹介しているので正解は④「名前」になります。①「ニュース」、②「家族」、③「職業」です。　【正解④】

4． 私には姉と兄がいます。そして弟もいます。

「姉」、「兄」、「弟」という言葉から正解は①「兄弟」だと分かります。②「友達」、③「場所」、④「休日」です。　【正解①】

5． 今日は私の誕生日です。20歳になります。

「誕生日」、「20歳」という言葉から正解は②「年齢」だと分かります。①「故郷」、③「あいさつ」、④「歌」です。　【正解②】

6． 午前は曇るでしょう。午後からは晴れるでしょう。

「曇る」、「晴れる」という言葉から正解は①「天気」になります。②「顔」、③「お客」、④「旅行」です。　【正解①】

7． 明日友達に会います。地下鉄の駅で11時に会うことにしました。

「地下鉄の駅」、「11時」、「会う」という言葉から正解は③「約束」だと分かります。①「見物」、②「練習」、④「人気」です。　【正解③】

攻略ポイント！ 二つの文を読んで空欄に入る語句を答える問題です。大体「助詞を問う問題」、「名詞を問う問題」、「動詞・形容詞を問う問題」、「副詞を問う問題」が出題されます。バランスよく練習しておきましょう。

練習問題

Ⅱ. (　　)에 들어갈 가장 알맞은 것을 고르십시오.

1. 저는 노래(　　) 좋아합니다. 그리고 춤도 좋아합니다.

① 와　② 에서　③ 를　④ 가

2. 내일은 휴일입니다. 그래서 (　　)를 보러 갑니다.

① 소리　② 청소　③ 주소　④ 영화

3. 기차를 타려고 합니다. 지금 (　　)으로 갑니다.

① 집　② 역　③ 공항　④ 은행

4. 감기에 걸렸습니다. 머리가 아프고 열이 (　　).

① 줍니다　② 납니다　③ 핍니다　④ 삽니다

5. 눈이 나빠요. 그래서 안경을 (　　).

① 썼어요　② 갔어요　③ 냈어요　④ 껐어요

6. 회사가 (　　). 걸어서 10분밖에 안 걸립니다.

① 짧습니다　② 많습니다　③ 즐겁습니다　④ 가깝습니다

7. 어제 시험을 봤어요. 시험은 (　　) 어려웠어요.

① 아주　② 오래　③ 이미　④ 빨리

解答と解説

Ⅱ. （　）に入る最も適切なものを選びなさい。

1. 私は歌（　　）好きです。そしてダンスも好きです。

「～が好きだ」は「−을/를 좋아하다」になるので正解は③です。①「と」、②「(場所) で」、④「が」です。【正解③】

2. 明日は休日です。それで（　　）を見に行きます。

「～を見に行きます」から空欄には④「映画」が入ることが分かります。①「音」、②「掃除」、③「住所」です。【正解④】

3. 汽車に乗るつもりです。今、（　　）へ行きます。

「汽車に乗る」と「～へ行く」から空欄には②「駅」が入ることになります。①「家」、③「空港」、④「銀行」です。【正解②】

4. 風邪を引きました。頭が痛く、熱が（　　）。

「熱が出る」には「나다」を使うので②「납니다」が正解。①「あげます／くれます」、③「咲きます」、④「買います」です。【正解②】

5. 目が悪いです。それでメガネを（　　）。

「メガネをかける」には「쓰다」を使うので正解は①「썼어요」になります。②「行きました」、③「出しました」、④「(明かりを) 消しました」です。【正解①】

6. 会社が（　　）。歩いて10分しかかかりません。

「10分しかかかりません」から空欄には距離のことを表す④「近いです」が入ることが分かります。①「短いです」、②「多いです」、③「楽しいです」です。【正解④】

7. 昨日試験を受けました。試験は（　　）難しかったです。

「試験は難しかったです」から難しさの程度を説明する①「とても」が入ることになります。②「長い間」、③「もう／すでに」、④「はやく」です。【正解①】

類型Ⅲ　内容との不一致

攻略ポイント！　箇条書き形式の文章や説明文などを読んで正しくないものを答える問題です。題材は、招待状、チケット、案内文、広告、建物の説明など多様です。特に「日付」、「料金」、「時間」、「注意事項」などが合っているかどうか詳細に確認する必要があります。

練習問題

Ⅲ. 다음을 읽고 맞지 않는 것을 고르십시오.

1.

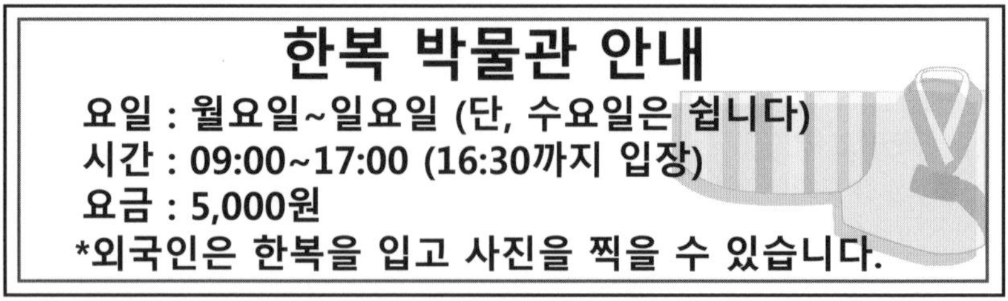

한복 박물관 안내
요일 : 월요일~일요일 (단, 수요일은 쉽니다)
시간 : 09:00~17:00 (16:30까지 입장)
요금 : 5,000원
*외국인은 한복을 입고 사진을 찍을 수 있습니다.

① 오후 4시 30분까지는 들어가야 합니다.
② 수요일에도 한복을 볼 수 있습니다.
③ 입장료는 오천 원을 내야 합니다.
④ 외국인은 한복을 입어 볼 수 있습니다.

2.

24H
편의점 아르바이트 모집!!
시급
4,500원
시간
17:00~22:00
◆교통비, 식사 : 없음
◆면접이 있습니다.

① 하루에 다섯 시간 일합니다.
② 면접을 보고 합격해야 합니다.
③ 교통비는 따로 받습니다.
④ 한 시간에 사천 오백 원을 받습니다.

解答と解説

Ⅲ．次を読んで正しくないものを選びなさい。

1．

韓服博物館案内
曜日：月曜日～日曜日（但し、水曜日は休みます）
時間：09：00 ～ 17：00（16：30 までに入場）
料金：5,000 ウォン
＊外国人は韓服を着て写真を撮ることができます。

韓服博物館に関する案内です。水曜日は休館日になるので一致しない内容は②「水曜日にも韓服を見ることができます」になります。①「午後 4 時 30 分までには入らなければなりません」、③「入場料は 5,000 ウォンを払わなければなりません」、④「外国人は韓服を着てみることができます」です。 【正解②】

2．

コンビニアルバイト募集
時給：4,500 ウォン
時間：17：00 ～ 22：00
◆交通費、食事：なし　◆面接があります

コンビニのアルバイト募集に関する広告文です。交通費と食事は提供されないので一致しない内容は③「交通費は別途もらいます」になります。①「1 日に 5 時間働きます」、②「面接を受けて合格しなければなりません」、④「1 時間当たりに 4,500 ウォンをもらいます」です。「편의점」は「コンビニ」、「모집」は「募集」、「시급」は「時給」です。 【正解③】

練習問題

3.

중앙 도서관 안내

4층	휴게실, 매점
3층	외국 서적
2층	국내 서적, 각종 잡지
1층	신문, 어린이 서적

① 신문은 1층에서 읽을 수 있습니다.
② 도서관 안에는 쉬는 곳이 없습니다.
③ 3층에 가면 외국 소설도 읽을 수 있습니다.
④ 도서관에서는 잡지도 볼 수 있습니다.

4.

생 활 체 조 교 실

아이와 엄마, 아빠가 함께 할 수 있는 체조 교실
재미있고 즐겁게 운동할 수 있습니다.
일시: 매주 토요일 오전 10시~12시
장소: 문화센터 2층 강당

① 체조 교실은 한 달에 두 번 있습니다.
② 일요일에는 체조 교실이 없습니다.
③ 강당에서 체조를 합니다.
④ 부모님도 같이 체조를 할 수 있습니다.

5.

✚ 남산 병원

진료과목: 내과, 소아과, 이비인후과

진료시간	월	화	수	목	금	토	일
09:00~12:00	○	○	○	○	○	○	—
15:00~18:00	○	○	—	○	○	—	—

※전화로 예약 가능합니다. Tel:02)280-××××

① 토요일은 세 시간만 진료를 합니다.
② 감기에 걸렸을 때 가도 됩니다.
③ 수요일 오후에는 진료가 없습니다.
④ 전화로는 예약이 안 됩니다.

解答と解説

3.

中央図書館ご案内
4階　休憩室、売店
3階　外国書籍
2階　国内書籍、各種雑誌
1階　新聞、児童書

図書館の各階の案内です。4階に休憩室があるので一致しない内容は②「図書館の中には休むところがありません」です。①「新聞は1階で読むことができます」、③「3階に行けば外国の小説も読むことができます」、④「図書館では雑誌も見ることができます」です。

【正解②】

4.

生活体操教室
子供とお母さん、お父さんが一緒にできる体操教室
面白く楽しく運動ができます。
日時：毎週土曜日　午前10時～12時
場所：文化センター2階講堂

生活体操教室の案内です。体操教室は毎週土曜日で月4回程度になるので、一致しない内容は①「体操教室は1カ月に2回あります」です。②「日曜日には体操教室がありません」、③「講堂で体操をします」、④「親も一緒に体操ができます」です。　【正解①】

5.

南山病院

診療科目：内科、小児科、耳鼻咽喉科

診療時間	月	火	水	木	金	土	日
9:00 ～ 12:00	○	○	○	○	○	○	－
15:00 ～ 18:00	○	○	－	○	○	－	－

※電話で予約できます。Tel：02）280 －××××

南山病院の診療時間、診療科目に関する案内です。電話でも予約ができるので一致しない内容は④「電話では予約ができません」です。①「土曜日は3時間だけ診療をします」、②「風邪を引いた時に行ってもいいです」、③「水曜日の午後には診療がありません」です。

【正解④】

攻略ポイント！ 本文の内容と合う選択肢を選ぶ問題です。文章の理解力が問われます。文章は大体３文で構成されています。「誰が」、「誰と」、「いつ」、「どこで」などの内容を細かくチェックしましょう。

練習問題

Ⅳ. 다음의 내용과 같은 것을 고르십시오.

1. 올 3월에 IT회사에 취직을 했습니다. 지금은 회사 기숙사에서 생활하고 있습니다. 일은 조금 어렵지만 재미있습니다.

① 회사 일은 아주 쉽습니다.
② 작년부터 회사에 다니고 있습니다.
③ 매일 집에서 회사에 갑니다.
④ 회사 생활은 1년이 안 되었습니다.

2. 저는 일주일에 두 번 피아노 학원에 다닙니다. 학원에서는 1년에 한 번 모두 같이 발표회를 합니다. 올해는 크리스마스 날에 발표회가 있습니다.

① 매일 피아노를 배우고 있습니다.
② 발표회는 매년 두 번 있습니다.
③ 12월 25일에 발표회가 있습니다.
④ 발표회는 혼자서 참가합니다.

3. 지난 주말에는 고등학교 동창회가 있었습니다. 졸업하고 30년 만에 처음 만난 친구도 있었습니다. 우리는 헤어질 때 다시 만날 약속을 했습니다.

① 이번 주 일요일에 동창 모임이 있습니다.
② 고등학교를 졸업한 지 30년이 됐습니다.
③ 친구들을 만나는 것은 이번이 마지막입니다.
④ 친구들은 모두 졸업 후에도 자주 만났습니다.

解答と解説

Ⅳ. 次の内容と同じものを選びなさい。

1.

今年3月にIT会社に就職をしました。今は会社の寮で生活しています。仕事は少し難しいですが面白いです。

会社生活についての話です。一致する内容は④「会社生活は、1年になっていません」になります。①「会社の仕事はとても簡単です」(×)→仕事は少し難しい、②「去年から会社に勤めています」(×)→今年から勤めている、③「毎日家から会社に行きます」(×)→会社の寮から通っている、です。「-이/가 되다」は「〜になる」です。

【正解④】

2.

私は週に2回ピアノ教室に通っています。教室では1年に1回みんなで一緒に発表会をします。今年はクリスマスの日に発表会があります。

趣味に関する話です。一致する内容は③「12月25日に発表会があります」になります。①「毎日ピアノを習っています」(×)→週に2回習う、②「発表会は毎年2回あります」(×)→1年に1回ある、④「発表会は一人で参加します」(×)→ピアノ教室のみんなと一緒にする、です。

【正解③】

3.

先週末には高校の同窓会がありました。卒業して30年ぶりに初めて会った友達もいました。私たちは別れる時また会う約束をしました。

同窓会についての話です。一致する内容は②「高校を卒業してから30年になりました」になります。①「今週日曜日に同窓会があります」(×)→先週末にあった、③「友達に会うのは今回が最後です」(×)→また会う約束をした、④「友達はみんな卒業後もよく会っていました」(×)→30年ぶりに会う友達もいた、です。「-(으)ㄴ 지」は「〜してから(時間の経過)」です。

【正解②】

練習問題

4.

> 저는 피곤할 때는 밖에 나가지 않습니다. 집에서 쉬면서 노래도 듣고 맛있는 음식도 먹습니다. 그러면 기분도 좋아지고 다시 힘이 납니다.

① 저는 피곤하면 음식을 먹지 못합니다.
② 저는 기분이 좋을 때 집에 있습니다.
③ 저는 피곤할 때 음악을 잘 듣습니다.
④ 저는 집에 있으면 피곤합니다.

5.

> 지난 토요일에 회사에서 단풍 구경을 갔다 왔습니다. 단풍이 정말 예뻤습니다. 우리는 단풍나무 밑에서 도시락을 먹고 사진도 찍었습니다.

① 이번 주에 단풍 구경을 갈 겁니다.
② 단풍 구경은 가족들과 갔습니다.
③ 단풍 구경을 가서 사진을 찍었습니다.
④ 점심은 식당에서 먹었습니다.

6.

> 저는 매일 늦게까지 일하고 비슷한 일만 해서 힘듭니다. 그런데 3개월 전에 댄스를 시작하고 생활이 변했습니다. 일도 힘들지 않고 재미있습니다.

① 댄스를 시작한 지 벌써 3년이 됩니다.
② 회사는 일이 별로 없습니다.
③ 회사에서는 항상 새로운 일을 합니다.
④ 요즘은 댄스 덕분에 일이 신납니다.

解答と解説

4.

私は疲れた時は外に出かけません。家で休みながら歌も聞き、おいしいものも食べます。すると気分もよくなって、また元気が出ます。

疲れた時についての話です。一致する内容は③「私は疲れた時は音楽をよく聞きます」になります。①「私は疲れると食べることができません」(×)→おいしいものを食べる、②「私は気分がいい時は家にいます」(×)→疲れた時は家にいる、④「私は家にいると疲れます」(×)→家で休めば元気が出る、です。「좋아지다」は「よくなる」です。 【正解③】

5.

先週土曜日に会社で紅葉狩りに行ってきました。紅葉が本当にきれいでした。私たちは紅葉の木の下でお弁当を食べて写真も撮りました。

紅葉狩りに行ったことに関する話です。一致する内容は③「紅葉狩りに行って写真を撮りました」になります。①「今週紅葉狩りに行く予定です」(×)→先週行ってきた、②「紅葉狩りは家族と行きました」(×)→会社の人たちと行ってきた、④「昼食は食堂で食べました」(×)→紅葉の木の下でお弁当を食べた、です。「단풍」は「紅葉」、「-구경」は「〜見物」、「단풍 구경」は「紅葉狩り」です。 【正解③】

6.

私は毎日遅くまで働いて同じような仕事ばかりして大変です。しかし、3カ月前にダンスを始めて生活が変わりました。仕事もつらくなく面白いです。

ダンスを習う前と後の変化に関する話です。一致する内容は④「最近はダンスのお陰で仕事が楽しいです」になります。①「ダンスを始めてから、もう3年になります」(×)→3カ月になる、②「会社は仕事があまりありません」(×)→遅くまで働く、③「会社ではいつも新しい仕事をします」(×)→同じような仕事をする、です。「변하다」は「変わる」、「신나다」は「楽しい」です。 【正解④】

攻略ポイント！ 書き手の意図（何を言いたいのか）を選ぶ問題です。文章の理解力が問われます。文章の内容と選択肢の内容が一致していてもそれが全体の中心となる考えではない場合もあるので、間違わないように気を付けましょう。

練習問題

Ⅴ．다음을 읽고 중심 생각을 고르십시오.

1．

저는 주말에 할머니 댁에 갈 예정입니다. 할머니와 식사를 하려고 합니다. 그리고 날씨가 좋으면 같이 공원에 가서 산책도 할 겁니다.

① 할머니에게 식사를 만들어 드립니다.
② 할머니와 같이 산책을 할 생각입니다.
③ 할머니와 함께 주말을 보내려고 합니다.
④ 주말에는 날씨가 좋을 겁니다.

2．

저는 외국 사람에게 태권도를 가르치고 있습니다. 여러 나라의 사람이 배우러 옵니다. 열심히 태권도를 배우는 외국인들을 보면 저도 기분이 좋습니다.

① 저는 외국인에게 태권도를 가르치는 것이 즐겁습니다.
② 태권도를 좋아하는 외국인들은 별로 많지 않습니다.
③ 한국말을 못 하는 사람이 태권도를 배웁니다.
④ 저는 친한 사람들에게만 태권도를 가르칩니다.

3．

요즘은 바빠서 운동할 시간이 없습니다. 그래서 회사에서는 엘리베이터를 타지 않고 계단을 이용합니다. 또 가까운 곳은 걸어갑니다.

① 최근에는 전혀 운동을 못 하고 있습니다.
② 저는 걷는 것을 좋아하지 않았습니다.
③ 우리 회사에는 엘리베이터가 없습니다.
④ 평소에 몸을 움직여서 운동하려고 합니다.

解答と解説

V. 次を読んで中心となる考えを選びなさい。

1. 私は週末におばあさんの家に行く予定です。おばあさんと食事をしようと思います。そして、天気がよければ一緒に公園に行って散歩もするつもりです。

週末におばあさんと食事や散歩をする計画についての話です。従って正解は③「おばあさんと一緒に週末を過ごそうと思います」になります。①「おばあさんに食事を作ってあげます」、②「おばあさんと一緒に散歩をするつもりです」、④「週末には天気がよさそうです」です。「-(으)려고 하다」は「〜しようと思う」、「댁」は「집」の敬語表現で「お宅」です。【正解③】

2. 私は外国人にテコンドーを教えています。いろいろな国の人たちが習いに来ます。熱心にテコンドーを習う外国人を見ると私も気分がいいです。

外国人にテコンドーを教えることに関する話です。従って正解は①「私は外国人にテコンドーを教えるのが楽しいです」になります。②「テコンドーが好きな外国人はそんなに多くありません」、③「韓国語ができない人がテコンドーを習います」、④「私は親しい人たちにだけテコンドーを教えます」です。「별로」は「そんなに／あまり」です。

【正解①】

3. このごろは忙しくて運動する時間がありません。それで会社ではエレベータに乗らないで階段を利用します。また近いところは歩いて行きます。

日常生活の中での運動に関する話です。従って正解は④「日ごろ体を動かして運動しようと思います」になります。①「最近は全然運動をすることができません」、②「私は歩くのが好きではありませんでした」、③「うちの会社にはエレベータがありません」です。「평소」は「日ごろ／平素」、「움직이다」は「動かす」です。【正解④】

練習問題

4. 저는 걱정이 있을 때는 친구들을 만납니다. 친구들은 제 이야기를 들어주고 같이 걱정도 해 줍니다. 참 좋은 친구들입니다.

① 친구들은 걱정이 없습니다.
② 걱정을 들어주는 좋은 친구들이 있습니다.
③ 친구들의 이야기를 듣는 것을 좋아합니다.
④ 언제나 친구를 만나고 싶습니다.

5. 수미 씨는 컴퓨터를 좋아합니다. 내년에 대학교를 졸업하면 컴퓨터 회사에서 일하고 싶어 합니다. 그래서 지금 회사를 찾고 있습니다.

① 수미 씨는 지금 좋은 대학교를 찾고 있습니다.
② 수미 씨는 내년에 학교를 졸업합니다.
③ 수미 씨는 내년에도 계속 공부할 겁니다.
④ 수미 씨는 졸업 후에 컴퓨터 회사에 취직하려고 합니다.

6. 우리는 음악 가족입니다. 어머니가 피아노를 치면 여동생과 저는 즐겁게 노래를 부릅니다. 가끔은 아버지가 기타를 칠 때도 있습니다.

① 아버지의 기타 소리가 좋습니다.
② 우리는 노래를 부르는 것이 즐겁습니다.
③ 우리 가족은 모두 음악을 좋아합니다.
④ 어머니는 우리의 노래를 듣습니다.

7. 저는 여행할 때는 기차를 탑니다. 비행기보다 느리지만 타기 쉽고 가격도 싸기 때문입니다. 또 기차는 창 밖도 천천히 구경할 수 있어서 마음에 여유가 생깁니다.

① 여행할 때 비행기는 타지 않습니다.
② 기차를 타고 여행하는 것을 좋아합니다.
③ 기차는 싸지만 느려서 불편합니다.
④ 비행기보다 기차 여행이 인기가 있습니다.

解答と解説

4. 　私は心配事がある時は友達に会います。友達は私の話を聞いてくれて一緒に心配もしてくれます。本当にいい友達です。

一緒に心配してくれる友達に関する話です。心配事がある時は友達に会うという内容から正解は②「心配事を聞いてくれるいい友達がいます」になります。①「友達は心配事がありません」、③「友達の話を聞くのが好きです」、④「いつも友達に会いたいです」です。「참」は「とても／本当に」です。　【正解②】

5. 　スミさんはコンピュータが好きです。来年に大学を卒業したらコンピュータ会社で働きたいと思っています。それで今、会社を探しています。

スミさんの卒業後の就職に関する話です。従って正解は④「スミさんは卒業後、コンピュータ会社に就職しようと思っています」になります。①「スミさんは今いい大学を探しています」、②「スミさんは来年に学校を卒業します」、③「スミさんは来年も勉強を続けるつもりです」です。　【正解④】

6. 　私たちは音楽一家です。お母さんがピアノを弾くと妹と私は楽しく歌を歌います。たまにはお父さんがギターを弾く時もあります。

家族の音楽好きに関する話です。従って正解は③「私たちの家族はみんな音楽が好きです」になります。①「お父さんのギターの音がいいです」、②「私たちは歌を歌うのが楽しいです」、④「お母さんは私たちの歌を聞きます」です。　【正解③】

7. 　私は旅行する時は汽車に乗ります。飛行機より遅いですが、乗りやすくて値段も安いからです。また汽車は窓の外もゆっくり見物できて心に余裕ができます。

汽車による旅行の良さに関する話です。従って正解は②「汽車に乗って旅行するのが好きです」になります。①「旅行する時、飛行機には乗りません」、③「汽車は安いが遅くて不便です」、④「飛行機より汽車旅行が人気があります」です。　【正解②】

類型Ⅵ　正しい順番に並べる

攻略ポイント！ (가) ～ (라) の四つの文を内容に合うように正しく並べる問題です。問題を解く前に、選択肢を確認しましょう。四つの選択肢の先頭には同じものが来るので、２番目から考えていきます。接続詞や「이/그/저」の指示詞などで始まる文は前の文と関連があるので、前後の文の内容を確認しながら並べてみましょう。

練習問題

Ⅵ. 다음을 순서대로 맞게 나열한 것을 고르십시오.

1.

(가) 회관에 도착하면 먼저 회관 청소부터 합니다.
(나) 우리는 매달 한 번 노인 회관에 찾아갑니다.
(다) 그리고 점심을 먹으면서 여러 이야기를 합니다.
(라) 청소가 끝난 후에 할머니들과 점심을 만듭니다.

① (나)-(가)-(다)-(라)　② (나)-(라)-(다)-(가)
③ (나)-(가)-(라)-(다)　④ (나)-(라)-(가)-(다)

2.

(가) 그 다음에 직접 김치를 만드는 것도 구경했습니다.
(나) 우리는 먼저 김치 역사에 관한 비디오를 봤습니다.
(다) 비디오를 보고 김치에 대해서 잘 알 수 있었습니다.
(라) 어제 친구하고 처음으로 김치 박물관에 갔습니다.

① (라)-(나)-(다)-(가)　② (라)-(가)-(나)-(다)
③ (라)-(나)-(가)-(다)　④ (라)-(가)-(다)-(나)

解答と解説

Ⅵ. 次を順番通りに正しく並べたものを選びなさい。

1. ボランティア活動についての話です。

(나) 私たちは毎月１回老人会館を訪問します。→ (가) 会館に着くとまず会館の掃除から行います。→ (라) 掃除が終わった後におばあさんたちと昼食を作ります。→ (다) そして昼食を食べながらいろいろな話をします。

選択肢から (나) が先頭に来ることが分かります。会館に到着してからの行動を説明しているので、「会館到着」→「掃除」→「食事作り」→「食べながら話す」が確認できます。(가) の「まず」という言葉からも (나) の次に来ることが分かります。従って正解は③「(나)-(가)-(라)-(다)」になります。「노인 회관」は「老人会館」、「찾아가다」は「訪ねる／訪問する」です。

【正解③】

2. キムチ博物館に行ったことについての話です。

(라) 昨日友達と初めてキムチ博物館に行きました。→ (나) 私たちはまずキムチの歴史に関するビデオを見ました。→ (다) ビデオを見てキムチについてよく分かりました。→ (가) その次に直接キムチを作ることも見物しました。

選択肢から (라) が先頭に来ることが分かります。(나) と (다) は「キムチの歴史に関するビデオ」に関する内容で、(나) の「まず」という言葉から (다) の前に来ることが分かります。(가) の「その次に」という言葉から (다) の後に来ることが予想できます。従って正解は①「(라)-(나)-(다)-(가)」になります。「역사」は「歴史」です。

【正解①】

練習問題

3.

(가) 그런데 요즘은 인터넷으로 주문할 때도 많습니다. (나) 전에는 읽고 싶은 책을 서점에서 샀습니다. (다) 저는 책을 읽는 것을 좋아합니다. (라) 인터넷으로 주문하면 할인도 되고 배달도 해 줍니다.

① (다)-(가)-(라)-(나)　② (다)-(나)-(라)-(가)
③ (다)-(가)-(나)-(라)　④ (다)-(나)-(가)-(라)

4.

(가) 토요일에는 흐리고 비가 오는 곳이 많겠습니다. (나) 이상으로 주말 일기 예보를 마치겠습니다. (다) 주말 일기 예보를 말씀드리겠습니다. (라) 일요일에는 맑고 기온도 높겠습니다.

① (다)-(라)-(나)-(가)　② (다)-(가)-(라)-(나)
③ (다)-(라)-(가)-(나)　④ (다)-(가)-(나)-(라)

5.

(가) 그래서 할머니 집에는 꽃이 많이 피어 있습니다. (나) 할머니의 설명을 들으면 꽃이 더 예쁜 것 같습니다. (다) 할머니는 꽃 이름, 꽃의 의미도 설명해 줍니다. (라) 우리 할머니는 꽃을 키우는 것이 취미입니다.

① (라)-(가)-(나)-(다)　② (라)-(나)-(가)-(다)
③ (라)-(가)-(다)-(나)　④ (라)-(나)-(다)-(가)

解答と解説

3. 本の買い方についての話です。

(다) 私は本を読むのが好きです。→ (나) 以前は読みたい本を書店で買いました。→ (가) ところが、このごろはインターネットで注文する時も多いです。→ (라) インターネットで注文すると割引にもなり、配達もしてくれます。

選択肢から (다) が先頭に来ることが分かります。(가) と (나) は本を買う方法について説明していますが、(가) の「ところが」と (나) の「以前は」の言葉から (나) が先に来ることが分かります。最後にインターネットによる注文の利点が書いてある (라) が来ます。従って正解は④「(다)−(나)−(가)−(라)」になります。 【正解④】

4. 天気予報についての話です。

(다) 週末の天気予報をお伝えします。→ (가) 土曜日は曇りで雨が降るところが多いでしょう。→ (라) 日曜日は晴れて気温も高いでしょう。→ (나) 以上で週末の天気予報を終わります。

選択肢から (다) が先頭に来ることが分かります。週末の天気予報なので (가) の「土曜日」と (라) の「日曜日」の言葉から順番が予想できます。(나) の「以上で」という言葉は最後のまとめをする時よく使われます。従って正解は②「(다)−(가)−(라)−(나)」になります。「일기 예보」は「天気予報」、「마치다」は「終える」です。【正解②】

5. おばあさんの趣味についての話です。

(라) 私のおばあさんは花を育てるのが趣味です。→ (가) それでおばあさんの家には花がたくさん咲いています。→ (다) おばあさんは花の名前、花の意味も説明してくれます。→ (나) おばあさんの説明を聞くと花がもっときれいに思われます。

選択肢から (라) が先頭に来ることが分かります。(가) の「それで」の理由は (라) にあるので (가) は (라) の後に来ることが分かります。(다) の「おばあさんが説明してくれる」という内容は (나) の「おばあさんの説明を聞くと」につながります。従って正解は③「(라)−(가)−(다)−(나)」になります。「피어 있다」は「咲いている」、「키우다」は「育てる」です。 【正解③】

攻略ポイント！ 少し長い文章を読んで、一つの内容に対して2問に答える問題です。全部で20問出題され、出題パターンも様々です。ここではまず、「空欄に入るものを選ぶ問題」と「内容と一致するものを選ぶ問題」を練習しましょう。

練習問題

VII. 다음을 읽고 물음에 답하십시오.

1.

> 저는 아침에 일어나면 우선 신문을 읽습니다. 신문을 보면 사회에서 일어나는 일들을 알 수 있습니다. 하지만 요즘 사람들은 신문보다는 인터넷 기사를 많이 보는 것 같습니다. 인터넷은 빠르고 정보가 많이 들어 있기 때문입니다. (㉠) 저는 신문을 읽는 것이 더 재미있습니다.

(1) ㉠에 들어갈 알맞은 말을 고르십시오.

① 그래서　② 그러면　③ 그리고　④ 그래도

(2) 이 글의 내용과 같은 것을 고르십시오.

① 옛날에는 신문을 읽지 않았습니다.

② 인터넷 기사를 읽는 사람들이 많습니다.

③ 저는 매일 신문보다는 인터넷 기사를 봅니다.

④ 인터넷은 빠르지만 정보는 적습니다.

2.

> 우리 언니는 아이들을 무척 좋아합니다. 그래서 아이들을 가르치는 학교 선생님이 되는 게 꿈이었습니다. 하지만 지금은 간호사가 되어서 어린이 병원에서 아이들과 지내고 있습니다. 그곳에서 아파서 힘들어하는 아이들의 친구가 되어 줍니다. 아이들과 함께 있는 언니는 정말 (㉠).

(1) ㉠에 들어갈 알맞은 말을 고르십시오.

① 행복해 보입니다　② 행복해 보여야 합니다

③ 만나고 싶을 겁니다　④ 만나고 싶어 했습니다

(2) 이 글의 내용과 같은 것을 고르십시오.

① 언니는 많이 아픕니다.　② 언니는 아이들을 싫어했습니다.

③ 언니는 지금 병원에서 일합니다.　④ 아이들의 꿈은 학교 선생님입니다.

解答と解説

Ⅶ. 次を読んで問いに答えなさい。

1.

私は朝起きるとまず新聞を読みます。新聞を見れば社会で起きていることが分かります。しかし、このごろの人は新聞よりはインターネットの記事を多く見るようです。インターネットは速くて情報がたくさん入っているからです。（　㋐　）私は新聞を読むのがもっと面白いです。

(1) ［㋐に入る適切な言葉を選びなさい。］新聞とインターネットの記事を読むことに関する話です。インターネットの記事の良さにも関わらず新聞の方が面白いと書かれているので、正解は④「それでも」になります。①「それで」、②「すると」、③「そして」です。　【正解④】

(2) ［この文章の内容と同じものを選びなさい。］①「昔は新聞を読みませんでした」（×）→新聞を読んだ、③「私は毎日、新聞よりはインターネットの記事を見ます」（×）→新聞を読む、④「インターネットは速いけれども情報は少ないです」（×）→情報も多い、です。従って正解は②「インターネットの記事を読む人が多いです」です。
【正解②】

2.

私の姉は子供たちがとても好きです。それで子供たちを教える学校の先生になるのが夢でした。しかし、今は看護師になって子供病院で子供たちと過ごしています。そこで病気でつらい思いをしている子供たちの友達になってあげます。子供たちと一緒にいる姉は本当に（　㋐　）。

(1) ［㋐に入る適切な言葉を選びなさい。］姉の夢と今の仕事に関する話です。好きな子供たちといられて幸せな気持ちなので正解は①「幸せそうに見えます」です。②「幸せに見えなければなりません」、③「会いたいでしょう」、④「会いたがっていました」です。　【正解①】

(2) ［この文章の内容と同じものを選びなさい。］①「姉は重い病気です」（×）→病気の子供たちの面倒を見ている、②「姉は子供たちが嫌いでした」（×）→とても好きである、④「子供たちの夢は学校の先生です」（×）→学校の先生は姉の夢だった、です。従って内容と一致するものは③「姉は今病院で働いています」です。　【正解③】

練習問題

3.

> 제 미국 친구 토미는 한국 요리에 관심이 많습니다. 그래서 식당에 갈 때는 언제나 새로운 (㉠) 먹어 봅니다. 어떤 재료로 만드는지 물어볼 때도 있습니다. 그리고 직접 만들기도 하는데 정말 맛있습니다. 토미는 나중에 미국에 돌아가서 한국 음식을 소개하고 싶어 합니다.

(1) ㉠에 들어갈 알맞은 말을 고르십시오.

① 음식을 시키지만　② 음식을 시키려고

③ 음식을 시켜서　④ 음식을 시켜도

(2) 이 글의 내용과 같은 것을 고르십시오.

① 토미가 만든 음식은 별로 맛이 없습니다.

② 토미는 직접 한국 음식을 만들기도 합니다.

③ 토미는 미국에서 살고 있습니다.

④ 토미는 한국에 있는 미국 음식을 좋아합니다.

4.

> 시골에는 가게의 주인은 없고 물건만 있는 곳이 있습니다. 그런 가게는 대부분 야채하고 과일을 파는 곳이 많습니다. 야채하고 과일 앞에는 가격을 적은 종이와 작은 상자만 놓여 있습니다. 물건을 사고 싶은 사람은 상자에 돈을 넣고 (㉠). 가게의 물건들은 신선하고 가격도 싸기 때문에 가게 주인이 없어도 안심하고 살 수 있습니다.

(1) ㉠에 들어갈 알맞은 말을 고르십시오.

① 가지고 갑니다　② 가지려고 합니다

③ 가지면 안 됩니다　④ 가지고 싶습니다

(2) 이 글의 내용과 같은 것을 고르십시오.

① 시골 가게에는 과일밖에 없습니다.

② 가게에는 하루 종일 주인이 있습니다.

③ 과일 값은 나중에 내도 됩니다.

④ 아무도 없어도 야채를 살 수 있습니다.

解答と解説

3. 私のアメリカ人の友達のトミは韓国料理に関心が高いです。それで食堂に行く時はいつも新しい（　㉠　）食べてみます。どんな材料で作るか聞く時もあります。そして自分で作ったりもしますが、本当においしいです。トミは将来アメリカに帰って韓国料理を紹介したいと思っています。

(1) ［㉠に入る適切な言葉を選びなさい。］韓国料理が好きなトミに関する話です。空欄に続く「食べてみる」と関連付けて考えると「～して食べてみる」につながるので正解は③「料理を注文して」になります。①「料理を注文するけれども」、②「料理を注文しようと」、④「料理を注文しても」です。【正解③】

(2) ［この文章の内容と同じものを選びなさい。］①「トミが作った料理はあまりおいしくありません」（×）→本当においしい、③「トミはアメリカに住んでいます」（×）→将来アメリカに帰る、④「トミは韓国にあるアメリカの食べ物が好きです」（×）→韓国料理が好きである、です。従って内容と一致するものは②「トミは自分で韓国料理を作ったりもします」になります。【正解②】

4. 田舎には店の人はいなくて品物だけがある所があります。そのような店は大体野菜と果物を売る所が多いです。野菜と果物の前には値段を書いた紙と小さい箱だけ置いてあります。品物を買いたい人は箱にお金を入れて（　㉠　）。店の品物は新鮮で値段も安いので、店の人がいなくても安心して買えます。

(1) ［㉠に入る適切な言葉を選びなさい。］田舎の無人の野菜売り場の話です。店の人はいないので「箱にお金を入れて」に続いて①「持って行きます」が入ります。②「持とうと思います」、③「持ってはいけません」、④「持ちたいです」です。【正解①】

(2) ［この文章の内容と同じものを選びなさい。］①「田舎の店には果物しかありません」（×）→野菜もある、②「店には一日中人がいます」（×）→店の人はいない、③「果物のお金は後で払ってもいいです」（×）→買う時払う、です。従って内容と一致するものは④「誰もいなくても野菜を買うことができます」になります。【正解④】

攻略ポイント！ 前章に続いて一つの内容に対して２問に答える問題を練習しましょう。ここでは「空欄に入るもの」、「内容と一致するもの」の他に「文章の主題を探す」、「提示された文が入るところ」、「文章から分かる内容」、「文章を書いた理由」などの問題を練習してみましょう。

練習問題

Ⅷ. 다음을 읽고 물음에 답하십시오.

1.

요즘 걷기 운동이 아주 인기가 있습니다. 걷기 운동에는 특별히 준비할 것은 없습니다. 걷기 편한 신발만 (㉠) 됩니다. 걷기 운동은 언제든지, 어디에서든지 할 수 있습니다. 그리고 무엇보다 누구든지 안전하게 할 수 있는 운동입니다. 또 몸의 자세를 좋게 하고 다이어트에도 좋습니다.

(1) ㉠에 들어갈 알맞은 말을 고르십시오.
① 있으니까　② 있지만　③ 있으면　④ 있으려면

(2) 무엇에 대한 이야기인지 고르십시오.
① 걷기 운동을 하는 방법　② 걷기 운동이 좋은 이유
③ 걷기 운동을 할 수 있는 곳　④ 걷기 운동을 하기 위한 준비

2.

우체국은 12월과 1월이 가장 바쁜 시기였습니다. 연말이 되면 크리스마스 카드나 연하장을 많이 보냈기 때문입니다. 그러나 요즘은 이메일이나 SNS 메시지로 카드나 연하장을 보내는 사람이 많습니다. 그래서 우체국에 가는 사람도 많지 않습니다. 하지만 가끔은 (㉠) 쓴 카드나 편지가 그리울 때가 있습니다.

(1) ㉠에 들어갈 알맞은 말을 고르십시오.
① 직접　② 이제　③ 조금　④ 보통

(2) 이 글의 내용과 같은 것을 고르십시오.
① 우체국은 옛날에도 1월에는 바쁘지 않았습니다.
② 카드나 편지는 별로 받고 싶지 않습니다.
③ 요즘은 연하장을 보내지 않습니다.
④ 연말에 우체국에 가는 사람이 적어졌습니다.

解答と解説

Ⅷ. 次を読んで問いに答えなさい。

1. 　このごろ歩く運動がとても人気があります。歩く運動には特別に準備することはありません。歩きやすい靴さえ（　㋐　）いいです。歩く運動はいつでも、どこででもできます。そして何より誰でも安全にできる運動です。また、体の姿勢を正しくしてダイエットにもいいです。

(1) ［㋐に入る適切な言葉を選びなさい。］歩く運動の良さに関する話です。空欄に続く「なります／いいです」と関連付けて考えると「～すればいいです」とつながるので正解は③「あれば」になります。①「あるから」、②「あるけれども」、④「あろうとするならば」です。

【正解③】

(2) ［何に関する話なのか選びなさい。］歩く運動のやりやすさ、良さを取り上げているので正解は②「歩く運動がいい理由」になります。①「歩く運動をする方法」、③「歩く運動ができる場所」、④「歩く運動をするための準備」です。　【正解②】

2. 　郵便局は12月と1月が最も忙しい時期でした。年末になるとクリスマスカードや年賀状をたくさん送ったからです。しかし、最近はEメールやSNSメッセージでカードや年賀状を送る人が多いです。それで郵便局に行く人も多くありません。しかし、たまには（　㋐　）書いたカードや手紙が懐かしいときがあります。

(1) ［㋐に入る適切な言葉を選びなさい。］新年のあいさつの方法の変化についての話です。最後の「懐かしい」という言葉から正解は①「直接／自分で」になります。②「もう」、③「少し」、④「普通」です。

【正解①】

(2) ［この文章の内容と同じものを選びなさい。］①「郵便局は昔も1月は忙しくありませんでした」（×）→以前は忙しかった、②「カードや手紙はあまり受け取りたくありません」（×）→懐かしい時がある、③「最近は年賀状を送りません」（×）→年賀状は送るがその方法が変わってきている、です。従って内容と一致するものは④「年末に郵便局に行く人が少なくなりました」になります。　【正解④】

3\. 지하철 안에서 스마트폰을 사용하고 있는 사람들이 많습니다. (㉠) 거리에서도 메시지를 보내거나 게임을 하는 사람을 보는 것은 어려운 일이 아닙니다. (㉡) 그래서 사람이나 차를 보지 못해서 사고가 나는 일도 있습니다. (㉢) 안전을 위해서 걸으면서는 스마트폰을 보지 않는 것이 좋을 것 같습니다. (㉣)

(1) 다음 문장이 들어갈 곳을 고르십시오.

횡단보도를 건너면서도 스마트폰만 보는 사람들이 많습니다.

① ㉠　② ㉡　③ ㉢　④ ㉣

(2) 이 글에서 알 수 있는 것은 무엇입니까?

① 나는 지하철에서 스마트폰으로 게임을 합니다.
② 나는 스마트폰을 가지고 있지 않습니다.
③ 걸으면서 스마트폰을 사용하는 것은 위험합니다.
④ 스마트폰의 사용 방법은 어렵습니다.

4\.

http://www.lunchbox.blog.net

엄마표 도시락　김민희(mhee@nara-com.net)

몸에 좋은 재료만을 사용한 건강 도시락을 배달합니다.
단체 행사, 선물 도시락, 피크닉 도시락에 이용해 보세요.
주문은 전화나 이메일로 부탁드립니다. (02-788-××××)
도시락은 여러분이 계신 곳까지 배달해 드립니다.

(1) 김민희 씨는 왜 이 글을 썼습니까?

① 도시락을 먹고 싶어서
② 유명한 도시락 가게를 알고 싶어서
③ 도시락 가게를 소개하고 싶어서
④ 도시락 만드는 방법을 물어보고 싶어서

(2) 이 글의 내용과 같은 것을 고르십시오.

① 단체 도시락도 살 수 있습니다.
② 도시락을 사려면 가게까지 와야 합니다.
③ 주문은 이메일로만 받습니다.
④ 인스턴트 식품으로 도시락을 만듭니다.

解答と解説

3.

地下鉄の中でスマートフォンを使っている人が多いです。(㉠)街でもメッセージを送ったりゲームをしたりする人を見るのは難しいことではありません。(㉡)それで人や車に気付かなくて事故が起こることもあります。(㉢)安全のために歩きながらはスマートフォンを見ない方がよさそうです。(㉣)

(1) [次の文が入るところを選びなさい。]

横断歩道を渡りながらもスマートフォンばかり見ている人が多いです。

町の中でのスマートフォン使用についてです。㉡の後にある接続詞の「それで」の理由としてつながるのでその前に来ることが分かります。従って正解は②「㉡」になります。「횡단보도」は「横断歩道」です。【正解②】

(2) [この文章から分かることは何ですか。] スマートフォンの使用に関する問題点を指摘しているので正解は③「歩きながらスマートフォンを使うのは危険です」になります。①「私は地下鉄でスマートフォンでゲームをします」、②「私はスマートフォンを持っていません」、④「スマートフォンの使い方は難しいです」です。【正解③】

4.

http://www.lunchbox.blog.net 「お袋印のお弁当」　　　キム・ミンヒ (mhee@nara-com.net) 体にいい材料だけを使った健康なお弁当をお届けします。 団体行事、お土産の弁当、ピクニックの弁当にご利用ください。 ご注文は電話かEメールでお願いします。(02-788- ××××) お弁当はみなさんのところまでお届けします。

(1) [キム・ミンヒさんはなぜこの文章を書きましたか。] 弁当屋を宣伝するためなので正解は③「弁当屋を紹介したくて」になります。①「弁当を食べたくて」、②「有名な弁当屋を知りたくて」、④「弁当の作り方を聞きたくて」です。【正解③】

(2) [この文章の内容と同じものを選びなさい。] ②「弁当を買おうとすると店まで来なければなりません」(×) →配達できる、③「注文はEメールだけで受け付けています」(×) →電話でも可能である、④「インスタント食品で弁当を作ります」(×) →体にいい材料だけを使う、です。従って内容と一致するものは①「団体用弁当も買うことができます」です。【正解①】

攻略ポイント！　前章に続いて一つの内容に対して２問に答える問題を練習しましょう。ここでは、これまでのものより長い文章を読んで問題を解く練習をします。文章を最後まで速く読んで、その内容を理解する能力が問われます。実際の試験で長い文章が出されても慌てないように、長文を読む練習をしておきましょう。

練習問題

Ⅸ. 다음을 읽고 물음에 답하십시오.

１. 제 취미는 주말에 여기저기에 있는 시장을 구경하는 일입니다. 시장에는 슈퍼에서 볼 수 없는 재미있는 물건도 많고 값도 싸서 좋습니다. 그런데 제가 시장을 좋아하는 가장 큰 이유는 시장 사람들하고 하는 이야기가 (　　㉠　　). 시장에서 물건을 사면서 이것저것 물어보는데 가게 사람들은 친절하게 설명해 줍니다. 가끔은 가격을 싸게 해 주기도 합니다. 이렇게 시장 사람들에게 따뜻한 정을 느낄 수 있어서 시장에 다녀오면 기분도 좋고 생활에 활기가 생깁니다.

(1) ㉠에 들어갈 알맞은 말을 고르십시오.
① 재미있었습니다　② 좋아지고 있습니다
③ 재미있기 때문입니다　④ 좋아지려고 합니다

(2) 이 글의 내용과 같은 것을 고르십시오.
① 주말에 시장에서 물건을 팔고 있습니다.
② 시장에 갔다 오면 아주 힘듭니다.
③ 언제나 같은 시장만 구경을 합니다.
④ 시장에서 여러 가지 물어보면서 구경을 합니다.

解答と解説

Ⅸ. 次を読んで問いに答えなさい。

1\. 　私の趣味は週末にあちらこちらにある市場を見物することです。市場にはスーパーで見られない面白いものも多くて、値段も安いからいいです。ところが、私が市場が好きな一番大きな理由は市場の人たちとする話が（　　㉠　　）。市場で品物を買いながらあれこれ聞きますが、店の人たちは親切に説明してくれます。たまには値段を安くしてくれたりもします。このように市場の人たちに温かい情が感じられて市場に行ってくると気分もよく、生活に活気が生まれます。

(1) ［㉠に入る適切な言葉を選びなさい。］趣味の市場見物に関する話です。市場がなぜ好きなのかその理由を説明しているので、正解は③「面白いからです」になります。①「面白かったです」、②「良くなっています」、④「良くなろうとしています」です。「여기저기」は「あちらこちら」、「이것저것」は「あれこれ」です。「정」は「情」、「활기」は「活気」です。　【正解③】

(2) ［この文章の内容と同じものを選びなさい。］①「週末に市場で品物を売っています」（×）→市場の見物をする、②「市場に行ってくるととても大変です」（×）→生活に活気が生まれる、③「いつも同じ市場だけ見物をします」（×）→あちらこちらの市場を見物する、です。従って内容と一致するものは④「市場でいろいろ聞きながら見物をします」になります。　【正解④】

練習問題

2.

아버지, 어머니께

그동안 안녕하셨습니까? 자주 연락드리지 못해서 죄송합니다. 저는 건강하게 잘 지내고 있습니다. 이번 주까지 학교 시험이 있어서 좀 바빴는데 이제 레포트만 제출하면 겨울 방학입니다. 방학이 되면 한 달 정도 한국에 돌아가서 지내려고 합니다. 그래서 오늘 비행기표를 예약했습니다. 다음 달 5일 오후 세 시에 서울에 도착합니다. 이번에는 오랜만에 아버지, 어머니와 함께 가까운 곳에 여행이라도 가면 좋겠습니다. 자세한 계획은 한국에 가서 말씀드리겠습니다. 그럼 서울에서 뵙겠습니다.

2014년 12월 24일 아들 김수철 올림

(1) 김수철 씨는 왜 이 글을 썼습니까?
① 시험 본 이야기를 하고 싶어서
② 부모님을 빨리 보고 싶어서
③ 한국에 가는 것을 알리고 싶어서
④ 여행 날짜를 정하고 싶어서

(2) 이 글의 내용과 같은 것을 고르십시오.
① 김수철 씨는 벌써 겨울 방학이 시작되었습니다.
② 김수철 씨는 외국에서 공부하고 있습니다.
③ 김수철 씨는 방학 때 외국으로 여행을 가려고 합니다.
④ 김수철 씨는 배를 타고 한국에 갈 겁니다.

解答と解説

2.

お父さん、お母さんへ
お元気でいらっしゃいましたか。なかなか連絡ができなくて申し訳ありません。私は元気に過ごしています。今週まで学校の試験があって少し忙しかったですが、あとはレポートだけ提出すれば冬休みです。休みになったら1カ月ほど韓国に帰って過ごそうと思っています。それで今日飛行機のチケットを予約しました。来月5日午後3時にソウルに到着します。今回は久しぶりにお父さん、お母さんと一緒に近い所に旅行にでも行けるといいと思っています。詳しい計画は韓国に帰ってお話しします。それでは、ソウルでお会いします。

2014年12月24日　息子　キム・スチョルより

(1) ［キム・スチョルさんはなぜこの文章を書きましたか。］両親に手紙を出した目的は冬休みに帰国することを知らせるためなので正解は③「韓国に帰ることを知らせたくて」になります。①「試験を受けた話がしたくて」、②「両親に早く会いたくて」、④「旅行の日にちを決めたくて」です。「자세하다」は「詳しい」、「말씀드리다」は「申し上げる／お話しする」、「뵙다」は「お目にかかる」、「올림」は「より（手紙やメールなどで使う丁寧な言い方）」です。 【正解③】

(2) ［この文章の内容と同じものを選びなさい。］①「キム・スチョルさんはもう冬休みが始まりました」（×）→レポートが残っている、③「キム・スチョルさんは休みの時に外国へ旅行に行こうと思っています」（×）→韓国で過ごすつもり、④「キム・スチョルさんは船に乗って韓国に帰る予定です」（×）→飛行機で帰る、です。従って内容と一致するものは②「キム・スチョルさんは外国で勉強しています」になります。 【正解②】

数詞・助数詞

1．漢数詞

1	2	3	4	5	6	7	8	9	10
일	이	삼	사	오	육	칠	팔	구	십
11	12	13	14	15	16	17	18	19	20
십일	십이	십삼	십사	십오	십육	십칠	십팔	십구	이십
30	40	50	60	70	80	90	100	千	万
삼십	사십	오십	육십	칠십	팔십	구십	백	천	만

2．漢数詞とともに使う助数詞

助数詞	数え方
년（年）	이천년*（2000年）、백년 전（100年前）
월（月）	일월（1月）、유월（6月）、시월（10月）
일（日）	일일（1日）、이십일（20日）
분（分）	오분（5分）、삼십분（30分）
초（秒）	십초（10秒）、이십사초（24秒）
개월（ヶ月）	삼개월（3ヶ月）、십개월（10ヶ月）
주일（週間）	일주일（1週間）
원（ウォン）	만원（10,000ウォン）、오천원（5,000ウォン）
학년（学年／～年生）	일학년（1年生）、사학년（4年生）
층（階）	육층（6階）、십오층（15階）
도（度）	삼십육도（36度）
번（番）	이십일번（21番）
그램（グラム）	백오십그램（150グラム）

*数字をハングルで表記する場合、助数詞との間は分かち書きするのが原則であるが、詰めて書くことも許容される。

① 구두는 **이층**에서 팔아요.（靴は2階で売っています。）
② 저는 대학교 **사학년**이에요.（私は大学4年生です。）
③ **육개월** 동안 일을 쉬었어요.（6カ月間仕事を休みました。）
④ 이 사과는 **천오백원**입니다.（このリンゴは1,500ウォンです。）
⑤ 제 생일은 **시월 구일**이에요.（私の誕生日は10月9日です。）
⑥ 내년은 **이천십육년**입니다.（来年は2016年です。）
⑦ **십분** 후에 시작하겠습니다.（10分後に始めます。）

3．固有数詞

1つ	2つ	3つ	4つ	5つ	6つ	7つ	8つ	9つ	10
하나	둘	셋	넷	다섯	여섯	일곱	여덟	아홉	열
11	12	13	14	15	16	17	18	19	20
열하나	열둘	열셋	열넷	열다섯	열여섯	열일곱	열여덟	열아홉	스물
30	40	50	60	70	80	90	99		100
서른	마흔	쉰	예순	일흔	여든	아흔	아흔아홉		백

＊参考　次の5つは助数詞とともに使う場合に形が変わるので気をつけましょう。
　　하나 → 한　둘 → 두　셋 → 세　넷 → 네　스물 → 스무

4．固有数詞とともに使う助数詞

助数詞	数える対象	数え方
사람（人）／명（名）	人	한 사람/한 명（1名）
마리（匹、頭、羽）	動物、魚、鳥など	두 마리（2匹）
권（冊）	本、ノートなど	여섯 권（6冊）
개（個）	物一般	열다섯 개（15個）
잔（杯）	お茶、コーヒーなど	한 잔（1杯）
장（枚）	紙、シャツなど	일곱 장（7枚）
병（本）	瓶状の物	세 병（3本）
대（台）	車、TVなどの機械類	열 대（10台）
시（時）	時刻	네 시（4時）
시간（時間）	時間	세 시간（3時間）
살（歳）	年齢	스무 살（20歳）
번（回）	回数	두 번（2回）
가지（種類）	種類	세 가지（3種類）

① 자동차가 **세 대** 있어요.（車が3台あります。）
② 커피 **한 잔** 주세요.（コーヒー1杯ください。）
③ 어제는 **열한 시**에 잤어요.（昨日は11時に寝ました。）
④ 사과 **다섯 개** 주세요.（リンゴ5個ください。）
⑤ 서울에는 **네 번** 갔어요.（ソウルには4回行きました。）
⑥ 잡지 **두 권**을 샀어요.（雑誌2冊を買いました。）

助詞

韓国語	日本語	例文
-은/는	は	이것**은** 시계입니다.（これは時計です。） 구두**는** 작습니다.（靴は小さいです。）
-이/가	が	시간**이** 없습니다.（時間がありません。） 숙제**가** 많습니다.（宿題が多いです。）
-을/를	を	빵**을** 만들었어요.（パンを作りました。） 드라마**를** 봅니다.（ドラマを見ます。）
-도	も	영어**도** 배웁니다.（英語も習います。）
-과/와 -하고	と	옷**과(하고)** 구두（服と靴） 의자**와(하고)** 책상（椅子と机）
-에	場所＋に 時間＋に 基準＋で	서울**에** 갑니다.（ソウルに行きます。） 저녁**에** 만나요.（夕方に会いましょう。） 두 개**에** 얼마예요?（二つでいくらですか。）
-에서	場所＋で 場所＋から	방**에서** 쉬어요.（部屋で休みます。） 집**에서** 출발합니다.（家から出発します。）
-에게 -한테	相手＋に	친구**에게** 줘요.（友達にあげます。） 엄마**한테** 전화해요.（母に電話します。）
-에게서 -한테서	相手＋から	아버지**에게서** 편지가 왔습니다. （父から手紙が来ました。） 형**한테서** 배웠습니다.（兄から習いました。）
-(으)로	手段＋で 材料＋で 方向＋へ 決定＋に	연필**로** 써요.（鉛筆で書きます。） 우유**로** 만들어요.（牛乳で作ります。） 역**으로** 가요.（駅へ行きます。） 저는 빵**으로** 할게요.（私はパンにします。）
-부터	時間＋から	내일**부터** 시작합니다.（明日から始めます。）
-까지	まで	수업은 5시**까지**예요.（授業は5時までです。）
-의	の	사랑**의** 노래（恋の歌）
-(이)나	か	펜**이나** 연필 주세요.（ペンか鉛筆下さい。）

＊参考　-이/가 되다（～になる）
-을/를 좋아하다 ⇔ 싫어하다（～が好きだ⇔嫌いだ）
-을/를 잘하다 ⇔ 못하다（～が上手だ⇔下手だ）
-을/를 만나다（～に会う）　-을/를 타다（～に乗る）

第 4 部
実戦演習

実戦演習

듣기 (目標解答時間 40 分以内)

2-2 ※[1～4] 다음을 듣고 〈보기〉와 같이 물음에 맞는 대답을 고르십시오.

〈보기〉
가 : 밥을 먹어요?
나 : ______________
❶ 네, 밥을 먹어요.　② 아니요, 밥을 먹어요.
③ 네, 밥을 안 먹어요.　④ 아니요, 밥이 맛있어요.

2-3 **1.** (4점) ① 네, 모자가 작아요.　② 네, 모자가 없어요.
③ 아니요, 모자예요.　④ 아니요, 모자가 없어요.

2-4 **2.** (4점) ① 네, 집이 좁아요.　② 네, 집에 있어요.
③ 아니요, 집이 가까워요.　④ 아니요, 집이 멀어요.

2-5 **3.** (3점) ① 지난달에 주었어요.　② 친구가 주었어요.
③ 누나에게 주었어요.　④ 학교에서 주었어요.

2-6 **4.** (3점) ① 주말에 갈 거예요.　② 어머니하고 갈 거예요.
③ 공원에 갈 거예요.　④ 걸어서 갈 거예요.

2-7 ※[5～6] 다음을 듣고 〈보기〉와 같이 이어지는 말을 고르십시오.

〈보기〉
가 : 처음 뵙겠습니다.
나 : ______________
① 잘 지냈습니다.　② 안녕히 계세요.
❸ 반갑습니다.　④ 다녀오겠습니다.

2-8 **5.** (4점) ① 아니에요.　② 안 돼요.
③ 미안해요.　④ 반가워요.

2-9 **6.** (3점) ① 네, 들어가세요.　② 네, 여기 있어요.
③ 네, 그럼요.　④ 네, 그런데요.

※[7～10] 여기는 어디입니까? 〈보기〉와 같이 알맞은 것을 고르십시오.
2-10

〈보기〉
가 : 어떻게 오셨어요?
나 : 머리가 아프고 열이 나요.
① 공항 ❷ 병원 ③ 은행 ④ 교실

7. (3점) ① 은행 ② 커피숍 ③ 빵집 ④ 수영장
2-11

8. (3점) ① 약국 ② 도서관 ③ 서점 ④ 교실
2-12

9. (3점) ① 병원 ② 문구점 ③ 식당 ④ 사진관
2-13

10. (4점) ① 공항 ② 우체국 ③ 극장 ④ 시장
2-14

※[11～14] 다음은 무엇에 대해 말하고 있습니까? 〈보기〉와 같이 알맞은 것을 고르십시오.
2-15

〈보기〉
가 : 오늘 수업은 몇 시부터예요?
나 : 열 시부터예요.
❶ 시간 ② 나이 ③ 운동 ④ 집

11. (3점) ① 그림 ② 주소 ③ 생일 ④ 건강
2-16

12. (3점) ① 사진 ② 식사 ③ 달력 ④ 기분
2-17

13. (4점) ① 하루 ② 이름 ③ 가구 ④ 주말
2-18

14. (3점) ① 부모님 ② 옷 ③ 취미 ④ 소포
2-19

※[15~16] 다음 대화를 듣고 알맞은 그림을 고르십시오. (각 4점)

15. 2-20

①

②

③

④

16. 2-21

①

②

③

④

2-22 ※[17~21] 다음을 듣고 <보기>와 같이 대화 내용과 같은 것을 고르십시오.
(각 3점)

<보기>
여자 : 주말에 보통 뭐 해요?
남자 : 친구한테서 빵 만드는 걸 배워요.
① 여자는 요리사입니다. ② 남자는 요리 학교에 다닙니다.
③ 여자는 요리를 좋아합니다. ❹ 남자는 요리를 배웁니다.

2-23 **17.** ① 여자는 책을 다 읽었습니다.
② 남자는 여자에게 책을 빌려줍니다.
③ 남자는 아직 책을 읽지 못했습니다.
④ 여자는 책을 선물 받았습니다.

2-24 **18.** ① 여자는 친구의 결혼 선물을 샀습니다.
② 여자는 그릇에 관심이 없습니다.
③ 남자는 여자와 같이 그릇을 사러 갈 겁니다.
④ 남자의 친구는 곧 결혼합니다.

2-25 **19.** ① 남자는 주문을 취소하고 싶어 합니다.
② 남자는 음식을 주문하지 않았습니다.
③ 남자는 지금 시간이 많이 있습니다.
④ 남자는 음식을 더 주문하려고 합니다.

2-26 **20.** ① 여자의 아이는 수영을 배우고 있습니다.
② 여자의 아이는 전혀 수영을 못 합니다.
③ 남자는 아이와 만난 적이 있습니다.
④ 남자는 아이에게 수영을 가르칠 겁니다.

2-27 **21.** ① 남자는 택시를 타고 공항에 갈 겁니다.
② 남자는 공항까지 지하철을 타고 갔습니다.
③ 택시를 타면 시간이 별로 걸리지 않습니다.
④ 남자는 공항까지 빨리 가고 싶어 합니다.

※[22~24] 다음을 듣고 여자의 중심 생각을 고르십시오. (각 3점)

2-28
22. ① 편의점에서도 약을 살 수 있어서 좋습니다.
② 편의점에서 약을 사고 싶지 않습니다.
③ 편의점에서도 약을 팔면 좋겠습니다.
④ 밤에 열이 나면 걱정입니다.

2-29
23. ① 공원에서 커피를 마시는 것이 좋습니다.
② 커피숍이 더 넓으면 좋겠습니다.
③ 커피숍에서 공부할 수 있어서 좋습니다.
④ 커피숍에서 공부하는 사람들이 없으면 좋겠습니다.

2-30
24. ① 양이 적은 가게는 가고 싶지 않습니다.
② 여자들과 남자들이 좋아하는 가게는 다릅니다.
③ 다이어트 때문에 조금만 먹는 것은 안 좋습니다.
④ 회사 근처에 맛있는 빵집이 있으면 좋겠습니다.

※[25~26] 다음을 듣고 물음에 답하십시오.

2-31
25. 어떤 이야기를 하고 있는지 고르십시오. (3점)
① 질문 ② 설명 ③ 초대 ④ 인사

26. 들은 내용과 같은 것을 고르십시오. (4점)
① 이 남자는 대학교에서 가르칩니다.
② 이 책은 일을 찾고 있는 사람이 읽으면 좋습니다.
③ 이 남자가 어릴 때 부모님이 돌아가셨습니다.
④ 이 남자는 자신의 책으로 강연회를 합니다.

※[27~28] 다음을 듣고 물음에 답하십시오.

2-32 27. 두 사람이 무엇에 대해 이야기를 하고 있는지 고르십시오. (3점)
① 감기에 과일이 좋은 이유
② 감기가 빨리 낫는 방법
③ 병원에 가야 하는 이유
④ 감기에 걸리지 않는 방법

28. 들은 내용과 같은 것을 고르십시오. (4점)
① 여자는 병원에 갔다 왔습니다.
② 여자는 야채를 별로 안 좋아합니다.
③ 여자는 남자를 걱정하고 있습니다.
④ 여자는 모임에 나갈 수 없습니다.

※[29~30] 다음을 듣고 물음에 답하십시오.

2-33 29. 남자는 왜 지금 시험 신청을 못 합니까? (3점)
① 서류를 아직 못 써서
② 시험 신청 기간이 끝나서
③ 사진을 준비하지 못해서
④ 시험 신청 방법을 몰라서

30. 들은 내용과 같은 것을 고르십시오. (4점)
① 남자는 시험을 신청했습니다.
② 남자는 내일 사진을 가지고 올 겁니다.
③ 시험 신청은 오늘까지 해야 합니다.
④ 사진이 없어도 시험을 신청할 수 있습니다.

읽기 (目標解答時間 60 分以内)

※[31~33] 무엇에 대한 이야기입니까? 〈보기〉와 같이 알맞은 것을 고르십시오. (각 2점)

〈보기〉
바나나를 좋아합니다. 수박도 좋아합니다.
❶ 과일 ② 시계 ③ 기분 ④ 과자

31. 구두는 1층에서 팝니다. 옷은 2층에서 팝니다.

① 하루 ② 가게 ③ 친척 ④ 소개

32. 케빈 씨는 미국 사람입니다. 스미스 씨는 영국 사람입니다.

① 부모 ② 요금 ③ 사진 ④ 나라

33. 아침은 빵을 먹습니다. 점심은 밥을 먹습니다.

① 예약 ② 시작 ③ 식사 ④ 마음

※[34~39] 〈보기〉와 같이 ( )에 들어갈 가장 알맞은 것을 고르십시오.

〈보기〉
( )에 갑니다. 책을 빌립니다.
① 호텔 ② 우체국 ③ 약국 ❹ 도서관

34. (2점)

친구 생일입니다. 그래서 친구( ) 축하 메일을 보냅니다.

① 나 ② 부터 ③ 에게 ④ 를

35. (2점)

바빠서 점심을 못 먹었어요. 지금 ( )가 고파요.

① 배 ② 자리 ③ 머리 ④ 귀

36. (3점)

일이 끝났습니다. 집에 (　　).

① 생각합니다　② 기다립니다　③ 기억합니다　④ 돌아갑니다

37. (2점)

아침에 청소를 했습니다. 그래서 방이 (　　).

① 깨끗합니다　② 유명합니다　③ 예쁩니다　④ 비슷합니다

38. (3점)

약속 시간에 늦었습니다. (　　) 가야 합니다.

① 자주　② 매우　③ 빨리　④ 별로

39. (2점)

가족 여행을 갔어요. 우리는 사진을 많이 (　　).

① 받았어요　② 찍었어요　③ 지냈어요　④ 그렸어요

※[40~42] 다음을 읽고 맞지 않는 것을 고르십시오. (각 3점)

40.

엄마에게 오늘 저녁에 친구들과 약속이 있어요. 저녁은 친구들과 먹을 거예요. 늦어도 10시까지는 돌아오겠습니다. 딸 미희

① 딸이 엄마에게 쓴 메모입니다.
② 오늘 미희는 친구들을 만납니다.
③ 10시 전에는 집에 돌아올 생각입니다.
④ 미희는 오늘 집에서 저녁을 먹습니다.

41.

생일 때 가장 받고 싶은 선물
1위 게임기
2위 책
3위 운동화
4위 공책, 연필
-초등학생 100명을 조사-

① 부모님 100명에게 물었습니다.
② 게임기가 가장 인기가 있습니다.
③ 연필보다 운동화를 받고 싶어 합니다.
④ 운동화보다 책을 좋아합니다.

42.

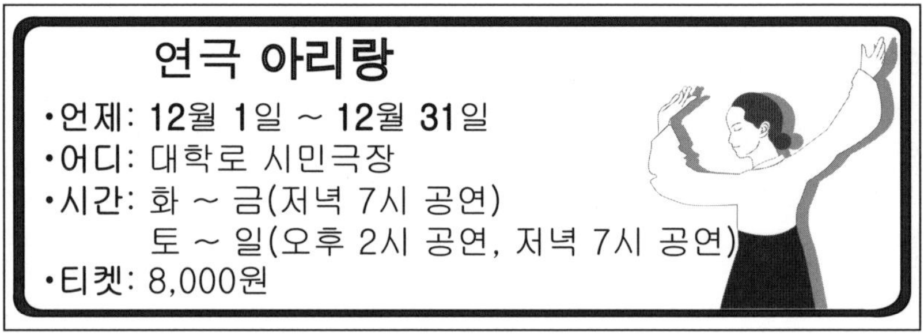
연극 아리랑
•언제: 12월 1일 ~ 12월 31일
•어디: 대학로 시민극장
•시간: 화 ~ 금(저녁 7시 공연)
토 ~ 일(오후 2시 공연, 저녁 7시 공연)
•티켓: 8,000원

① 극장은 대학로에 있습니다.
② 표는 한 장에 팔천 원입니다.
③ 공연은 두 달 동안 합니다.
④ 주말에는 하루에 두 번 공연이 있습니다.

※[43~45] 다음의 내용과 같은 것을 고르십시오.

43. (3점)

어제 이사를 했습니다. 친구들이 도와주어서 빨리 끝났습니다. 우리는 이사가 끝난 후 함께 식사를 했습니다.

① 이사는 혼자서 했습니다.
② 이사를 한 다음에 밥을 먹었습니다.
③ 이사는 시간이 많이 걸렸습니다.
④ 지금 이사를 하고 있습니다.

44. (3점)

저는 겨울이 되면 감기에 잘 걸립니다. 감기에 걸리면 따뜻한 차를 마시고 잡니다. 그러면 다음 날은 몸이 꽤 가볍습니다.

① 저는 지금 감기에 걸렸습니다.
② 저는 감기에 잘 걸리지 않습니다.
③ 저는 여름에 감기 때문에 힘듭니다.
④ 감기에는 따뜻한 차가 좋습니다.

45. (2점)

작년부터 언니는 외국에서 공부하고 있습니다. 언니는 요리를 잘 못합니다. 그래서 어머니가 걱정을 많이 합니다.

① 언니는 외국에서 일합니다.
② 언니가 엄마를 많이 걱정합니다.
③ 언니는 작년부터 외국에서 삽니다.
④ 언니는 먹는 것을 좋아하지 않습니다.

※[46~48] 다음을 읽고 중심 생각을 고르십시오.

46. (3점)

제 여동생은 학교에서 음악을 가르칩니다. 학생들도 선생님들도 여동생을 좋아합니다. 수업도 재미있고 모두에게 친절하기 때문입니다.

① 여동생은 학생들에게 친절합니다.
② 수업을 재미있게 하는 것이 중요합니다.
③ 여동생은 음악 공부가 더 필요합니다.
④ 여동생은 인기 있는 선생님입니다.

47. (3점)

아버지는 외출할 때 꼭 모자를 쓰십니다. 그래서 모자를 많이 가지고 있습니다. 이번 어버이날에도 모자를 선물할까 합니다.

① 아버지는 모자가 많습니다.
② 아버지에게 모자를 선물합니다.
③ 아버지는 모자를 아주 좋아합니다.
④ 아버지는 가끔 모자를 씁니다.

48. (2점)

스잔은 6개월 전에 한국에 왔습니다. 처음에는 한국말을 전혀 못했습니다. 그런데 지금은 우리 반에서 제일 잘합니다.

① 스잔은 한국에서 생활합니다.
② 스잔은 6개월간 열심히 공부했습니다.
③ 스잔은 한국말을 조금 할 수 있습니다.
④ 스잔은 지금은 공부를 하지 않습니다.

※[49~50] 다음을 읽고 물음에 답하십시오. (각 2점)

김밥에는 소고기김밥, 야채김밥 등 종류가 많습니다. 여러 가지 재료를 사용하기 때문에 맛도 좋습니다. 김밥은 시간이 없을 때 간단하게 먹을 수 있어서 편리합니다. 그래서 바쁜 회사원들에게도 인기가 있습니다. 그리고 (　　㉠　　) 어린이나 외국인도 좋아합니다.

49. ㉠에 들어갈 알맞은 말을 고르십시오.
① 비싸지 않으면　　② 맵지 않기 때문에
③ 무겁지 않으면　　④ 크지 않기 때문에

50. 이 글의 내용과 같은 것을 고르십시오.
① 김밥은 야채로만 만듭니다.
② 김밥에 들어가는 재료는 적습니다.
③ 외국인은 김밥을 잘 먹지 않습니다.
④ 김밥은 아이들에게도 인기가 있습니다.

※[51~52] 다음을 읽고 물음에 답하십시오. (각 3점)

제가 다니는 구두 회사는 올해로 50년이 됩니다. 처음에는 사장님 혼자서 구두를 만들어서 파는 작은 가게였지만 구두가 편하고 예뻐서 점점 많은 사람들이 (㉠). 지금은 사원이 100명이나 있는 유명한 구두 회사가 되었습니다.

51. ㉠에 들어갈 알맞은 말을 고르십시오.

① 오게 되었습니다　② 왔으면 좋겠습니다
③ 올 수 있습니다　④ 오지 않았습니다

52. 무엇에 대한 이야기인지 고르십시오.

① 회사 건물 소개　② 회사 생활 소개
③ 회사 직원 소개　④ 회사 역사 소개

※[53~54] 다음을 읽고 물음에 답하십시오.

저는 주말에 사람을 만날 때 북카페에서 약속을 합니다. 약속한 사람이 늦을 때 책을 보면서 기다릴 수 있기 때문입니다. 또 북카페는 조용해서 공부를 하면서 (㉠). 그래서 저는 약속 시간보다 조금 일찍 가서 기다리는 것을 좋아합니다.

53. ㉠에 들어갈 알맞은 말을 고르십시오. (2점)

① 기다려 주세요　② 기다려야 합니다
③ 기다릴 수 없습니다　④ 기다리기도 합니다

54. 이 글의 내용과 같은 것을 고르십시오. (3점)

① 저는 항상 약속 시간에 늦습니다.
② 북카페에서는 친구를 만난 적이 없습니다.
③ 북카페에서는 공부를 할 수도 있습니다.
④ 주말에는 혼자서 북카페에 갑니다.

※[55~56] 다음을 읽고 물음에 답하십시오.

매년 8월이 되면 부산에서 바다 축제가 열립니다. 올해는 8월 5일부터 일주일 동안 열립니다. 축제에는 수영 대회부터 가족 음악회까지 다양한 행사가 준비되어 있습니다. (㉠) 매년 가수들의 특별 공연도 있어서 누구나 즐길 수 있습니다.

55. ㉠에 들어갈 알맞은 말을 고르십시오. (2점)

① 그런데 ② 그리고
③ 그래서 ④ 그러니까

56. 이 글의 내용과 같은 것을 고르십시오. (3점)

① 바다 축제는 전국에서 열립니다.
② 바다 축제는 5일간 열립니다.
③ 가수들의 공연은 없을 때도 있습니다.
④ 아이가 즐길 수 있는 행사도 있습니다.

※[57~58] 다음을 순서대로 맞게 나열한 것을 고르십시오.

57. (3점)

(가) 그래서 언제나 제 옆에는 수첩이 있습니다.
(나) 그것은 수첩에 오늘 할 일을 메모하는 것입니다.
(다) 그러면 오늘 할 일을 잊어버리지 않습니다.
(라) 저는 아침에 꼭 하는 일이 있습니다.

① (라)-(가)-(나)-(다) ② (라)-(가)-(다)-(나)
③ (라)-(나)-(가)-(다) ④ (라)-(나)-(다)-(가)

58. (2점)

(가) 다음에는 외국 사람들 얼굴도 한번 찍어 보고 싶습니다.
(나) 그런데 지금은 사람들의 얼굴을 찍는 것이 더 재미있습니다.
(다) 저는 학생 때 사진 찍는 것을 배우기 시작했습니다.
(라) 처음에는 산이나 바다를 많이 찍었습니다.

① (다)-(라)-(가)-(나) ② (다)-(나)-(가)-(라)
③ (다)-(라)-(나)-(가) ④ (다)-(나)-(라)-(가)

※[59～60] 다음을 읽고 물음에 답하십시오.

저는 형제가 없어서 조금 쓸쓸했습니다. (㉠) 그런데 지난주 제 생일에 남동생이 생겼습니다. (㉡) 아버지가 생일 선물로 강아지를 사 주셨기 때문입니다. (㉢) 학교에서 돌아오면 초롱이하고 산책을 하기도 하고 공놀이를 하기도 합니다. (㉣) 그래서 지금은 초롱이가 있어서 아주 즐겁습니다.

59. 다음 문장이 들어갈 곳을 고르십시오. (2점)

저는 강아지 이름을 초롱이라고 정했습니다.

① ㉠ ② ㉡ ③ ㉢ ④ ㉣

60. 이 글의 내용과 같은 것을 고르십시오. (3점)

① 강아지는 산책을 전혀 하지 않습니다.
② 저는 강아지 때문에 학교에 못 갑니다.
③ 저는 다음에 강아지를 키우고 싶습니다.
④ 강아지 덕분에 지금은 쓸쓸하지 않습니다.

※[61～62] 다음을 읽고 물음에 답하십시오. (각 2점)

어렸을 때 부모님과 뮤지컬을 (㉠). 그날부터 뮤지컬을 좋아하게 되었습니다. 마음에 드는 작품은 몇 번이나 다시 봤습니다. 그리고 공연이 있으면 어디든지 가서 봤습니다. 지금은 뮤지컬 감독이 되었습니다. 좋아하는 일을 할 수 있어서 정말 행복합니다.

61. ㉠에 들어갈 알맞은 말을 고르십시오.

① 보러 가도 됩니다 ② 보러 간 적이 있습니다
③ 보러 가고 있습니다 ④ 보러 갈 수 있습니다

62. 이 글의 내용과 같은 것을 고르십시오.

① 뮤지컬은 어른이 된 후에 좋아했습니다.
② 뮤지컬 공연은 조금밖에 안 봤습니다.
③ 같은 뮤지컬을 여러 번 보기도 했습니다.
④ 뮤지컬을 만드는 일은 마음에 안 듭니다.

※[63~64] 다음을 읽고 물음에 답하십시오.

보낸사람	이수진
받는사람	김철수, 이영수, 박민희…….
제목	스케치 여행

회원 여러분, 안녕하십니까?

저희 그림 모임에서는 스케치 여행을 가기로 했습니다. 이번 스케치 여행은 바다로 가려고 합니다. 여름 바다를 보면서 함께 그림을 그렸으면 좋겠습니다. 날짜는 다음 달 7월 13일 토요일에 출발해서 일요일에 돌아올 겁니다. 7월 5일까지 연락을 주시면 됩니다. 많은 참석 부탁드립니다.

이수진 올림

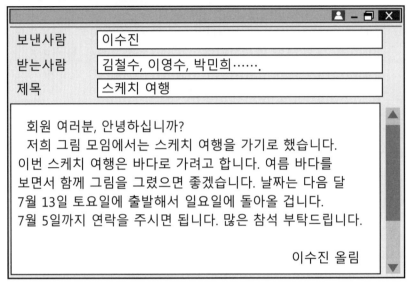

63. 이수진 씨는 왜 이 글을 썼습니까? (2점)

① 스케치 여행을 안내하려고
② 스케치 여행 장소를 정하려고
③ 스케치 여행 참석에 감사하려고
④ 스케치 여행 참석을 알리려고

64. 이 글의 내용과 같은 것을 고르십시오. (3점)

① 여행은 내년 여름에 갑니다.
② 그림은 여행을 갔다 온 후에 그립니다.
③ 여행은 1박 2일간 갑니다.
④ 여행은 7월 5일에 떠납니다.

※[65～66] 다음을 읽고 물음에 답하십시오.

안녕하십니까? 저는 박민수라고 합니다. 저는 내년 2월에 대학교를 졸업합니다. 저는 성격이 밝고 처음 만나는 사람들과도 이야기를 잘 합니다. 졸업 후에는 무역 회사에서 일하고 싶어서 외국어 공부도 열심히 했습니다. (㉠) 이 회사에 취직이 되면 열심히 일하겠습니다. 잘 부탁드립니다.

65. ㉠에 들어갈 알맞은 말을 고르십시오. (2점)
① 만약　② 거의　③ 늦게　④ 먼저

66. 이 글의 내용과 같은 것을 고르십시오. (3점)
① 박민수 씨는 대학원에 갈 예정입니다.
② 박민수 씨는 이 회사에 취직하고 싶어 합니다.
③ 박민수 씨는 외국어를 할 수 없습니다.
④ 박민수 씨는 조용한 성격입니다.

※[67～68] 다음을 읽고 물음에 답하십시오. (각 3점)

저는 친구들과 함께 매년 5월 5일이 되면 하는 일이 있습니다. 부모가 없는 어린이들에게 작은 선물을 보내는 일입니다. 작년에는 양말하고 과자를 보냈습니다. 올해는 그림책을 (㉠). 그림책을 보면서 아이들이 즐거운 시간을 보냈으면 좋겠습니다. 그래서 지금 재미있는 그림책을 찾고 있습니다.

67. ㉠에 들어갈 알맞은 말을 고르십시오.
① 보내지 않습니다　② 보낸 것 같습니다
③ 보내기로 했습니다　④ 보내서는 안 됩니다

68. 이 글의 내용과 같은 것을 고르십시오.
① 그림책은 아직 찾지 못했습니다.
② 크리스마스에 선물을 보내고 있습니다.
③ 매년 한 번 어린이들을 만나러 갑니다.
④ 작년에는 선물을 보내지 못했습니다.

※[69~70] 다음을 읽고 물음에 답하십시오.

요즘은 SNS(Social Networking Service)를 통해서 자신의 생각을 표현할 수 있습니다. 이 방법은 빠르고 간단해서 많이 이용되고 있지만 가끔 문제가 되기도 합니다. 왜냐하면 다른 사람을 생각하지 않고 글을 써서 읽는 사람의 기분을 나쁘게 하는 경우가 있기 때문입니다. 그러므로 우리들은 SNS를 이용해서 (　　㉠　　) 글의 내용에 대해서 잘 생각할 필요가 있습니다.

69. ㉠에 들어갈 알맞은 말을 고르십시오. (2점)

① 글을 쓰지 말고　　② 글을 쓰기도 하고

③ 글을 쓰고 나서　　④ 글을 쓰기 전에

70. 이 글의 내용으로 알 수 있는 것은 무엇입니까? (3점)

① SNS는 앞으로 인기가 많아질 겁니다.

② SNS를 이용할 때 다른 사람의 기분도 생각해야 합니다.

③ SNS를 이용하는 사람은 많지 않을 겁니다.

④ SNS로 자신의 생각을 표현하는 것은 좋지 않습니다.

実戦演習　解答と解説

聞き取り

※[1～4] 次を聞いて〈例〉のように問いにふさわしい返事を選びなさい。

〈例〉
カ：ご飯を食べますか。
ナ：＿＿＿＿＿＿＿
❶ はい、ご飯を食べます。　② いいえ、ご飯を食べます。
③ はい、ご飯を食べません。　④ いいえ、ご飯はおいしいです。

1.《女性：모자 있어요?（帽子ありますか。）／男性：＿＿＿＿＿》「帽子ありますか」という問いに対する正しい返事は④「いいえ、帽子はありません」になります。①「はい、帽子が小さいです」、②「はい、帽子はありません」、③「いいえ、帽子です」です。【正解④】

2.《女性：집이 멀어요?（家が遠いですか。）／男性：＿＿＿＿＿》「家が遠いですか」という問いに対する正しい返事は③「いいえ、家は近いです」になります。①「はい、家が狭いです」、②「はい、家にあります」、④「いいえ、家は遠いです」です。【正解③】

3.《女性：누구에게 주었어요?（誰にあげましたか。）／男性：＿＿＿＿＿》「誰にあげましたか」という問いに対する正しい返事は③「姉にあげました」になります。①「先月あげました」、②「友達がくれました」、④「学校でくれました」です。【正解③】

4.《男性：어떻게 갈 거예요?（どうやって行くつもりですか。）／女性：＿＿＿＿＿》行き方を聞いているので正しい返事は④「歩いて行くつもりです」になります。①「週末に行くつもりです」、②「母と行くつもりです」、③「公園に行くつもりです」です。【正解④】

※[5～6] 次を聞いて〈例〉のように続く言葉を選びなさい。

〈例〉

カ：初めまして。

ナ：＿＿＿＿＿＿＿＿

① 元気でした。　② さようなら。

❸ お会いできてうれしいです。　④ 行ってきます。

5.《男性：도와주셔서 감사합니다.（手伝ってくださってありがとうございます。）／女性：＿＿＿＿＿》お礼を言われたので正しい返事は①「いいえ」になります。②「だめです」、③「すみません」、④「(人や便りが) うれしいです」です。【正解①】

6.《女性：사진을 같이 찍어도 돼요?（写真を一緒に撮ってもいいですか。）／男性：＿＿＿＿＿》正しい返事は③「はい、もちろんです」になります。①「はい、入って行ってください」、②「はい、ここにあります」、④「はい、そうですが」です。【正解③】

※[7～10] ここはどこですか。〈例〉のように適切なものを選びなさい。

〈例〉

カ：どうされましたか。

ナ：頭が痛くて、熱があります。

① 空港　❷ 病院　③ 銀行　④ 教室

7.

女性：물에 들어가기 전에 준비 운동을 하세요.
男性：몇 분 정도요?

【訳】女性：水に入る前に準備運動をしてください。
男性：何分くらいですか。

「水に入る」、「準備運動」から正しい場所は④「プール」になります。①「銀行」、②「コーヒーショップ」、③「パン屋」です。【正解④】

8.
男性：이 책을 사고 싶은데 어디에 있는지 아세요? 女性：이 책은 2층 잡지 코너에 있습니다.

【訳】男性：この本を買いたいのですが、どこにあるかご存じですか。
　　　女性：この本は2階雑誌コーナーにあります。

「本を買う」から正しい場所は③「書店」です。①「薬局」、②「図書館」、④「教室」です。【正解③】

9.
女性：이것보다 더 두꺼운 공책은 없어요? 男性：그게 가장 두꺼운 공책입니다.

【訳】女性：これよりもっと厚いノートはありませんか。
　　　男性：それが一番厚いノートです。

「ノート」という単語から正しい場所は②「文具店」と分かります。①「病院」、③「食堂」、④「写真館」です。【正解②】

10.
女性：예정보다 빨리 도착했네요. 가방은 이거 하나예요? 男性：네. 나와 줘서 고마워요.

【訳】女性：予定より早く着きましたね。かばんはこれ一つですか。
　　　男性：はい。迎えに来てくれてありがとう。

「到着」、「迎え」という単語から正しい場所は①「空港」になります。②「郵便局」、③「劇場」、④「市場」です。「나오다」は「(空港に)迎えに来る」という意味でも使われます。【正解①】

※[11～14] 次は何について話していますか。〈例〉のように適切なものを選びなさい。

〈例〉 カ：今日の授業は何時からですか。 ナ：10時からです。 ❶ 時間　② 年齢　③ 運動　④ 家

11. 女性：이건 누가 그렸어요?
男性：제가 그렸는데 어때요?

【訳】女性：これは誰が描きましたか。
　　　男性：私が描いたのですが、どうですか。

「描く」という言葉から正解は①「絵」になります。②「住所」、③「誕生日」、④「健康」です。 【正解①】

12. 女性：슬퍼 보여요.
男性：친구가 외국으로 이사를 가요.

【訳】女性：悲しそうに見えます。
　　　男性：友達が外国に引っ越します。

「悲しい」という言葉から正解は④「気持ち」になります。①「写真」、②「食事」、③「カレンダー」です。 【正解④】

13. 女性：저는 보통 일이 끝나면 집에 가서 드라마를 봐요.
男性：저는 요즘 일이 바빠서 밤 늦게까지 회사에 있어요.

【訳】女性：私は普通仕事が終わったら家に帰ってドラマを見ます。
　　　男性：私は最近仕事が忙しくて夜遅くまで会社にいます。

一日のうちの時間の使い方について話しているので正解は①「一日」になります。②「名前」、③「家具」、④「週末」です。 【正解①】

14. 女性：이걸 중국에 있는 친구에게 보내고 싶어요.
男性：이건 무거워서 요금이 비쌀 것 같아요.

【訳】女性：これを中国にいる友達に送りたいです。
　　　男性：これは重いから料金が高いと思います。

「送る」、「重い」という言葉から正解は④「小包」になります。①「両親」、②「服」、③「趣味」です。 【正解④】

※[15～16] 次の対話を聞いて適切な絵を選びなさい。

15.

男性：몇 층에 가세요?
女性：죄송한데 5층 좀 눌러 주세요.

【訳】男性：何階に行かれますか。
　　　女性：申し訳ありませんが、5階を押してください。

女性が男性に5階を押すよう頼んでいるので、正解は女性が両手に荷物を持っている①になります。　【正解①】

16.

男性：손님, 여기에서는 사진을 찍으시면 안 됩니다.
女性：몰랐어요. 죄송합니다.

【訳】男性：お客様、ここでは写真を撮ってはいけません。
　　　女性：知りませんでした。申し訳ありません。

写真を撮ろうとしているお客さんに注意をしているので、正解は③になります。　【正解③】

※[17～21] 次を聞いて〈例〉のように対話の内容と同じものを選びなさい。

〈例〉	
女性：週末に普通何しますか。	
男性：友達にパンを作るのを習っています。	
① 女性は調理師です。	② 男性は料理教室に通っています。
③ 女性は料理が好きです。	❹ 男性は料理を習っています。

17.

女性：이 책 누구 거예요? 한번 읽어 보고 싶었는데.
男性：제 거예요. 저는 다 읽었는데 빌려줄까요?
女性：정말요? 고마워요.

【訳】女性：この本、誰のですか。一度読んでみたかったんですが。
　　　男性：私のです。私は全部読んだので、貸しましょうか。
　　　女性：本当ですか。ありがとうございます。

①「女性は本を全部読みました」(×) →男性が全部読んだ、③「男性はまだ本を読んでいません」(×) →全部読んだ、④「女性は本をプレゼントしてもらいました」(×) →貸してもらった、従って正解は②「男性は女性に本を貸してあげます」です。　【正解②】

18.

女性：친구 결혼 선물을 사고 싶은데 뭐가 좋을까요? 男性：글쎄요. 친구가 요리를 좋아하면 그릇 같은 건 어때요? 女性：아, 그거 좋겠네요. 혹시 지금 시간 괜찮으면 같이 보러 가 줄래요? 男性：네, 괜찮아요. 같이 가요.

【訳】女性：友達の結婚プレゼントを買いたいですが、何がいいでしょうか。
男性：そうですね。友達が料理が好きならお皿のようなものはどうですか。
女性：あ、それいいですね。もし今時間大丈夫でしたら一緒に見に行ってくれますか。
男性：はい、大丈夫です。一緒に行きましょう。

①「女性は友達の結婚プレゼントを買いました」(×) →まだ買ってない、②「女性は皿に関心がありません」(×) →関心がある、④「男性の友達はもうすぐ結婚します」(×) →女性の友達、従って正解は③「男性は女性と一緒に皿を買いに行くでしょう」です。 【正解③】

19.

男性：저기요, 아까 주문한 음식이 아직 안 나왔어요. 女性：그러세요? 확인해 보겠습니다. 男性：지금 시간이 없는데 취소해도 돼요? 女性：죄송합니다. 그럼 취소해 드리겠습니다.

【訳】男性：あの、さっき頼んだ料理がまだ来てません。
女性：そうですか。確認してみます。
男性：今時間がないんで、キャンセルしてもいいですか。
女性：申し訳ありません。ではキャンセルします。

②「男性は料理を注文しませんでした」(×) →したけれども来ていない、③「男性は今時間がたくさんあります」(×) →時間がない、④「男性は料理をもっと注文しようとしています」(×) →キャンセルしようとしている、従って正解は①「男性は注文をキャンセルしたいと思っています」です。 【正解①】

20.

女性：선생님, 우리 아이에게도 수영을 가르치고 싶은데 어떻게 신청하면 돼요?
男性：아이들을 위한 수업이 있으니까 한번 같이 와 보세요. 그런데 아이가 몇 살입니까?
女性：다섯 살이고 수영을 전혀 못 해요.
男性：다섯 살이요? 그럼 안 되겠네요. 수영 수업에는 여섯 살 이상부터 들어올 수 있습니다.

【訳】女性：先生、うちの子にも水泳を教えたいのですが、どう申し込めばいいですか。
男性：子供のための授業があるから一度一緒に来てみてください。ところでお子さんは何歳ですか。
女性：5歳でまったく泳げません。
男性：5歳ですか。では駄目ですね。水泳の授業には6歳以上から入ることができます。

①「女性の子供は水泳を習っています」（×）→これから習おうとしている、③「男性は子供と会ったことがあります」（×）→会ったことがない、④「男性は子供に水泳を教えるでしょう」（×）→5歳だから教えられない、従って正解は②「女性の子供はまったく水泳ができません」です。　【正解②】

21.

男性：여기에서 택시를 타면 공항까지 얼마나 걸려요?
女性：택시요? 지금은 도로에 차가 많아서 시간도 많이 걸리고 요금도 비쌀 거예요.
男性：그럼 어떻게 가는 게 가장 빨라요? 비행기 시간에 늦을 것 같아서요.
女性：지금 시간에는 택시보다는 지하철이 빨라요.

【訳】男性：ここからタクシーに乗ったら空港までどのくらいかかりますか。
女性：タクシーですか。今は道路に車が多くて時間も結構かかるし、料金も高いでしょう。
男性：ではどうやって行くのが一番早いですか。飛行機の時間に遅れそうなんです。
女性：今の時間はタクシーよりは地下鉄が早いです。

①「男性はタクシーに乗って空港に行くでしょう」(×) →地下鉄に乗って行くだろう、②「男性は空港まで地下鉄に乗って行きました」(×) →これから行く、③「タクシーに乗れば時間があまりかかりません」(×) →今の時間は結構かかる、従って正解は④「男性は空港まで早く行きたがっています」です。 【正解④】

※[22～24] 次を聞いて女性の中心となる考えを選びなさい。

22.

男性：저 지금 편의점에 가는데 뭐 필요한 거 있어요?
女性：그래요? 제가 지금 머리가 아픈데 약을 부탁해도 될까요?
男性：편의점에서도 약을 살 수 있어요?
女性：네, 지난달부터 편의점에서도 살 수 있게 됐어요. 이제 밤 늦은 시간에 열이 나도 걱정 없겠어요.

【訳】男性：私、今コンビニに行きますが、何か必要なものありますか。
女性：そうですか。私は今頭が痛いんですが、薬をお願いしてもいいでしょうか。
男性：コンビニでも薬が買えますか。
女性：はい、先月からコンビニでも買えるようになりました。もう夜遅い時間に熱が出ても心配ないでしょう。

女性はコンビニで薬が買えるようになったのを喜んでいます。従って正解は①「コンビニでも薬が買えるのでいいです」です。②「コンビニで薬を買いたくありません」、③「コンビニでも薬を売ればいいです」、④「夜に熱が出ると心配です」です。 【正解①】

23.

女性：이 커피숍에도 자리가 없네요.
男性：여기도 공부하는 사람들이 많이 있네요.
女性：커피숍은 커피를 마시고 이야기하는 곳인데……. 공부는 도서관에 가서 했으면 좋겠어요.
男性：오늘은 날씨도 따뜻하니까 우리 커피를 사서 공원에 가서 마셔요.

【訳】女性：このコーヒーショップにも席がないですね。
男性：ここも勉強している人がたくさんいますね。
女性：コーヒーショップはコーヒーを飲んで話をするところなのに…。勉強は図書館に行ってすればいいです。
男性：今日は天気も暖かいから私たちコーヒーを買って公園に行って飲みましょう。

女性はコーヒーショップで勉強するのをよくないと思っています。従って正解は④「コーヒーショップで勉強する人がいなければいいです」です。①「公園でコーヒーを飲むのがいいです」、②「コーヒーショップがもっと広ければいいです」、③「コーヒーショップで勉強ができるのでいいです」です。 【正解④】

24.

男性：수미 씨, 회사 앞에 있는 식당에 가 봤어요?
女性：네, 그럼요 . 저는 일주일에 세 번 이상 가요.
男性：저는 오늘 처음 가 봤는데 양이 너무 적어서 별로였어요. 그래서 식사 후에 빵집에 가서 빵을 사 왔어요.
女性：그 가게는 여자들에게 인기가 있어요. 특히 다이어트를 위해서 몸에 좋은 음식을 조금만 먹고 싶어 하는 사람들에게요.

【訳】男性：スミさん、会社の前にある食堂に行ってみましたか。
女性：はい、もちろんです。私は週に3回以上行きます。
男性：私は今日初めて行ってみましたが、量が少なすぎていまいちでした。それで食事の後にパン屋に行ってパンを買って来ました。
女性：その店は女性に人気があります。特にダイエットのために体にいい食べ物を少しだけ食べたいと思う人たちにです。

男性は量が少なくて不満だったが、女性たちには人気があると言っているので正解は②「女性と男性が好む店は違います」です。①「量が少ない店には行きたくありません」、③「ダイエットのために少しだけ食べるのはよくないです」、④「会社の近くにおいしいパン屋があればいいです」です。 【正解②】

※[25～26] 次を聞いて問いに答えなさい。

男性：제가 이번에 쓴 책 내용을 여러분에게 소개하는 강연회를 열려고 합니다. 제가 아직 대학생일 때 부모님이 사고로 돌아가셔서 저는 학교를 계속 다닐 수 없었습니다. 아르바이트를 하면서 너무 힘든 하루하루를 보냈습니다. 이렇게 성공하기까지 많은 사람을 만나고 많은 경험을 했는데 그때의 일들을 이 책에 써 봤습니다. 책을 읽으신 분들은 물론, 아직 안 읽으신 분들도 환영합니다. 제 강연회에 오셔서 저의 인생 이야기를 들어 보십시오. 많은 분들의 참여를 기다리겠습니다.

【訳】私が今回書いた本の内容を皆様に紹介する講演会を開こうと思います。私がまだ大学生の時、両親が事故で亡くなって、私は学校に通い続けることができませんでした。アルバイトをしながらとても辛い日々を過ごしました。このように成功するまでたくさんの人に会って、たくさんの経験をしたのですが、その時のことをこの本に書いてみました。本を読んだ方はもちろん、まだ読んでおられない方も歓迎します。私の講演会に来て私の人生の話を聞いてください。たくさんの方々のご参加をお待ちしております。

25. どんな話をしているのか選びなさい。
自分で書いた本の講演会への参加を呼びかけているので正解は③「招待」です。①「質問」、②「説明」、④「あいさつ」です。　【正解③】

26. 聞いた内容と同じものを選びなさい。
①「この男性は大学で教えています」(×) →職業の言及はない、②「この本は仕事を探している人が読むといいです」(×) →著者の人生の話、③「この男性が子供の時に両親が亡くなりました」(×) →大学生の時に両親は亡くなった、従って正解は④「この男性は自分の本で講演会をします」です。　【正解④】

※[27～28] 次を聞いて問いに答えなさい。

女性：(감기 목소리) 여보세요. 저 나영인데요. 오늘 모임에 못 나갈 것 같아요. 男性：목소리가 안 좋네요. 감기 걸렸어요? 女性：네, 어제부터 열이 나고 목이 아파서 지금 병원에 가려고 해요. 男性：요즘 감기가 유행인데……. 약을 먹고 푹 쉬면 금방 좋아질 거예요. 야채 주스도 많이 마셔 보세요. 女性：고마워요. 그렇게 할게요. 男性：참, 배나 귤을 먹으면 열이 빨리 내려가요. 목이 아프면 바나나를 먹는 것도 좋을 거예요.

【訳】女性：(風邪声) もしもし。私、ナヨンですが。今日の集まりに出られなさそうです。

男性：声がよくないですね。風邪引きましたか。

女性：はい、昨日から熱が出てのどが痛いので、今病院に行こうと思います。

男性：最近風邪がはやっているんで…。薬を飲んでゆっくり休めば、すぐよくなるでしょう。野菜ジュースもたくさん飲んでみてください。

女性：ありがとうございます。そうします。

男性：そうだ、ナシやミカンを食べると熱が早く下がります。のどが痛ければバナナを食べるのもいいでしょう。

27. 二人が何について話しているのか選びなさい。
風邪を引いた女性に男性がいろいろアドバイスをしています。従って正解は②「風邪が早く治る方法」です。①「風邪に果物がいい理由」、③「病院に行かなければならない理由」、④「風邪を引かない方法」です。 【正解②】

28. 聞いた内容と同じものを選びなさい。
①「女性は病院に行って来ました」(×) →今から行く、②「女性は野菜があまり好きではありません」(×) →それに関する言及はない、③「女性は男性を心配しています」(×) →男性が女性を心配している、従って正解は④「女性は集まりに出られません」です。【正解④】

※[29～30] 次を聞いて問いに答えなさい。

男性：시험을 신청하고 싶은데 어디로 가면 돼요?
女性：여기에서 하시면 됩니다. 서류하고 사진은 가지고 오셨지요?
男性：서류는 써 왔는데 사진도 필요해요? 몰랐어요.
女性：이번 시험부터 사진도 필요하게 됐어요. 근처에 사진관이 있으니까 사진을 찍어서 다시 오세요. 시험 신청이 오늘까지라서요.
男性：그래요? 그럼 사진관에 갔다 올게요. 몇 시까지 오면 돼요?
女性：5시까지는 오셔야 됩니다.

【訳】男性：試験に申し込みをしたいのですが、どこへ行けばいいですか。
女性：ここですればいいです。書類と写真は持って来られましたね？
男性：書類は書いて来ましたが、写真も必要ですか。知りませんでした。
女性：今回の試験から写真も必要になりました。近くに写真館があるので写真を撮ってまた来てください。試験の申し込みが今日までですので。
男性：そうですか。では写真館に行って来ます。何時までに来ればいいですか。
女性：5時までには来なければなりません。

29. 男性はなぜ今試験に申し込むことができませんか。
書類は書いたが、写真は用意していないので正解は③「写真の準備ができてないので」です。①「書類をまだ書いてないので」、②「試験の申し込み期間が終わったので」、④「試験の申し込み方法が分からないので」です。
【正解③】

30. 聞いた内容と同じものを選びなさい。
①「男性は試験に申し込みました」→まだ申し込んでない、②「男性は明日写真を持って来るでしょう」→今日5時までに持って来る、④「写真がなくても試験に申し込むことができます」→できない、従って正解は③「試験の申し込みは今日までにしなければなりません」です。
【正解③】

読解

※[31 ～ 33] 何に関する話ですか。〈例〉のように適切なものを選びなさい。

〈例〉
バナナが好きです。スイカも好きです。
❶ 果物　② 時計　③ 気分　④ お菓子

31. 靴は1階で売っています。服は2階で売っています。

「靴」、「服」、「1階」、「2階」、「売っている」という言葉から正解は②「店」だと分かります。①「一日」、③「親戚」、④「紹介」です。

【正解②】

32. ケビンさんはアメリカ人です。スミスさんはイギリス人です。

「アメリカ人」、「イギリス人」という言葉から正解は④「国」だと分かります。①「両親」、②「料金」、③「写真」です。【正解④】

33. 朝はパンを食べます。昼はご飯を食べます。

「朝」、「パン」、「昼」、「ご飯」という言葉から正解は③「食事」だと分かります。①「予約」、②「始め」、④「心」です。【正解③】

※[34 ～ 39]〈例〉のように（　）に入る最も適切なものを選びなさい。

〈例〉
（　　）に行きます。本を借ります。
① ホテル　② 郵便局　③ 薬局　❹ 図書館

34. 友達の誕生日です。それで友達（　　）お祝いのメールを送ります。

メールを送る相手の「～に」は「-에게」になるので正解は③です。①「か」、②「から」、④「を」です。【正解③】

35. 忙しくて昼食を食べられませんでした。今（　　）が空いています。

「昼食を食べられませんでした」から「腹が空く」が考えられます。従って空欄には①「腹」が入ることが分かります。②「席」、③「頭」、④「耳」です。【正解①】

36. 仕事が終わりました。家に（　　）。

「家に帰る」には「돌아가다」を使うので正解は④です。①「考えます」、②「待ちます」、③「覚えています」です。【正解④】

37. 朝、掃除をしました。それで部屋が（　　）。

「部屋がきれいだ」には「깨끗하다」を使うので正解は①です。②「有名です」、③「(顔が) きれいです」、④「似ています」です。【正解①】

38. 約束の時間に遅れました。（　　）行かなければなりません。

「時間に遅れる」から空欄には③「はやく」が入ります。①「ひんぱんに」、②「とても」、④「あまり」です。【正解③】

39. 家族旅行に行きました。私たちは写真をたくさん（　　）。

「写真を撮る」には「찍다」を使うので正解は②「찍었어요」になります。①「もらいました」、③「過ごしました」、④「描きました」です。【正解②】

※[40 ～ 42] 次を読んで正しくないものを選びなさい。

40.

お母さんへ
今日の夕方に友達と約束があります。
夕食は友達と食べるつもりです。
遅くても10時までには帰ります。
娘 ミヒ

お母さんへのメモです。今日の夕食は友達と食べるので一致しない内容は④「ミヒは今日家で夕食を食べます」になります。①「娘がお母さんに書いたメモです」、②「今日ミヒは友達に会います」、③「10時前には家に帰るつもりです」です。【正解④】

41.

誕生日に一番欲しいプレゼント
1位：ゲーム機
2位：本
3位：運動靴
4位：ノート、鉛筆
－小学生100人を調査－

誕生日に欲しいプレゼントのアンケート結果です。小学生を対象としたので一致しない内容は①「親100人に聞きました」です。②「ゲーム機が一番人気があります」、③「鉛筆より運動靴を欲しがっています」、④「運動靴より本が好きです」です。 【正解①】

42.

演劇　アリラン
・い　つ：12月1日～12月31日
・ど　こ：大学路の市民劇場
・時　間：火～金（夕方7時公演） 土～日（午後2時公演、夕方7時公演）
・チケット：8,000ウォン

演劇公演の案内ポスターです。公演は12月の1カ月間なので一致しない内容は③「公演は2カ月間します」になります。①「劇場は大学路にあります」、②「チケットは1枚8,000ウォンです」、④「週末には一日に2回公演があります」です。 【正解③】

※[43～45] 次の内容と同じものを選びなさい。

43.

昨日引っ越しをしました。友達が手伝ってくれて早く終わりました。私たちは引っ越しが終わった後、一緒に食事をしました。

引っ越しについての文章です。一致する内容は②「引っ越しをした後、ご飯を食べました」になります。①「引っ越しは一人でしました」（×）→友達と一緒にした、③「引っ越しには時間が相当かかりました」（×）→早く終わった、④「今、引っ越しをしています」（×）→もう引っ越しは終わっている、です。 【正解②】

44.

私は冬になるとよく風邪を引きます。風邪を引くと温かいお茶を飲んで寝ます。すると次の日はかなり体が軽いです。

風邪を引いた時についての文章です。一致する内容は④「風邪には温かいお茶がいいです」になります。①「私は今、風邪を引いています」（×）→今は風邪を引いていない、②「私はあまり風邪を引きません」（×）→よく風邪を引く、③「私は夏に風邪のために苦労します」（×）→冬によく風邪を引く、です。 【正解④】

45. 去年から姉は外国で勉強しています。姉は料理が下手です。それでお母さんが大変心配しています。

外国にいる姉のことについての文章です。一致する内容は③「姉は去年から外国に住んでいます」になります。①「姉は外国で働いています」（×）→勉強している、②「姉がお母さんのことを心配しています」（×）→お母さんが姉のことを心配している、④「姉は食べることが好きではありません」（×）→料理が下手である、です。　【正解③】

※[46～48] 次を読んで中心となる考えを選びなさい。

46. 私の妹は学校で音楽を教えています。生徒たちも先生たちも妹のことが好きです。授業も面白くてみんなに親切だからです。

学校の先生をしている妹についての文章です。従って正解は④「妹は人気のある先生です」になります。①「妹は生徒たちに親切です」、②「授業を面白くするのが大事です」、③「妹はもっと音楽の勉強が必要です」です。　【正解④】

47. お父さんは外出する時必ず帽子をかぶります。それで帽子をたくさん持っています。今度の父の日にも帽子をプレゼントしようかと思っています。

帽子が好きなお父さんについての文章です。従って正解は③「お父さんは帽子がとても好きです」になります。①「お父さんは帽子が多いです」、②「お父さんに帽子をプレゼントします」、④「お父さんは時々帽子をかぶります」です。　【正解③】

48. スーザンは6カ月前に韓国に来ました。最初は韓国語がまったくできませんでした。しかし、今は私たちのクラスで一番上手です。

スーザンさんの韓国語の実力についての文章です。従って正解は②「スーザンは6カ月間熱心に勉強しました」になります。①「スーザンは韓国で生活しています」、③「スーザンは韓国語が少しできます」、④「スーザンは今は勉強しません」です。　【正解②】

※[49～50] 次を読んで問いに答えなさい。

のり巻には牛肉のり巻、野菜のり巻など種類が多いです。いろいろな材料を使うので味もいいです。のり巻は時間がない時に簡単に食べられるので便利です。それで忙しい会社員にも人気があります。そして、（　㉠　）子供や外国人も好きです。

49. ㉠に入る適切な言葉を選びなさい。
のり巻に関する文章です。子供や外国人が好きな理由を表す②「辛くないから」が正解です。①「(値段が) 高くなければ」、③「重くなければ」、④「大きくないから」です。 【正解②】

50. この文章の内容と同じものを選びなさい。
①「のり巻は野菜だけで作ります」(×) →いろいろな材料で作る、②「のり巻に入る材料は少ないです」(×) →材料が多い、③「外国人はのり巻をあまり食べません」(×) →外国人も好きである、です。従って一致する内容は④「のり巻は子供たちにも人気があります」になります。 【正解④】

※[51～52] 次を読んで問いに答えなさい。

私が通っている靴会社は今年で50年になります。最初は社長一人で靴を作って売る小さな店でしたが、靴が楽でかわいいのでだんだん多くの人が（　㉠　）。今は社員が100名もいる有名な靴会社になりました。

51. ㉠に入る適切な言葉を選びなさい。
自分が通っている靴会社についての文章です。空欄の前にある「だんだん」と関連付けて考えると、変化を表す①「来るようになりました」が正解になるのが分かります。②「来て欲しいです」、③「来ることができます」、④「来なかったです」です。 【正解①】

52. 何に関する話なのか選びなさい。
会社がいつできて今どのようになっているかについて説明しているので、正解は④「会社の歴史の紹介」になります。①「会社の建物の紹介」、②「会社生活の紹介」、③「会社の職員の紹介」です。【正解④】

※[53～54] 次を読んで問いに答えなさい。

私は週末に人に会う時、ブックカフェで約束をします。約束した人が遅れる時に本を見ながら待つことができるからです。また、ブックカフェは静かなので勉強しながら（　㉠　）。それで私は約束の時間より少し早く行って待つのが好きです。

53. ㉠に入る適切な言葉を選びなさい。
ブックカフェの良さについての文章です。ブックカフェで本を見たり、勉強したりしながら人を待つことができるので、正解は④「待ったりもします」になります。①「待ってください」、②「待たなければなりません」、③「待つことができません」です。　【正解④】

54. この文章の内容と同じものを選びなさい。
①「私はいつも約束の時間に遅れます」（×）→約束の時間より先に行く、②「ブックカフェでは友達に会ったことがありません」（×）→会ったことがある、④「週末には一人でブックカフェに行きます」（×）→人に会う、です。従って一致する内容は③「ブックカフェでは勉強をすることもできます」です。　【正解③】

※[55～56] 次を読んで問いに答えなさい。

毎年８月になると釜山で海の祭りが開かれます。今年は８月５日から１週間開かれます。祭りには水泳大会から家族音楽会まで多様なイベントが用意されています。（　㉠　）毎年歌手たちの特別公演もあって誰でも楽しむことができます。

55. ㉠に入る適切な言葉を選びなさい。
海の祭りでどんなことが行われるかに関する文章です。水泳大会、家族音楽会、歌手たちの特別公演を並べているので、正解は②「そして」になります。①「ところが」、③「それで」、④「だから」です。「행사」は「行事／イベント」です。　【正解②】

56. この文章の内容と同じものを選びなさい。

①「海の祭りは全国で開かれます」（×）→釜山で開かれる、②「海の祭りは5日間開かれます」（×）→1週間開かれる、③「歌手たちの公演はない時もあります」（×）→毎年ある、です。従って一致する内容は④「子供が楽しめるイベントもあります」になります。

【正解④】

※[57～58] 次を順番通りに正しく並べたものを選びなさい。

57. メモする習慣についての文章です。

(라) 私は朝必ずすることがあります。→ (나) それは手帳に今日の用事をメモすることです。→ (다) そうすると今日の用事を忘れません。→ (가) それでいつも私のそばには手帳があります。

選択肢から (라) が先頭に来ることが分かります。(나) の「それは」が指すのは (라) のことなので2番目に (나) が来ることになります。(다) の「そうすると」は (나) の「メモすると」に置き換えられるので (나) の次に (다) が来ます。従って正解は④「(라)－(나)－(다)－(가)」になります。

【正解④】

58. 趣味の写真についての文章です。

(다) 私は学生の時に写真を撮ることを習い始めました。→ (라) 最初は山や海をたくさん撮りました。→ (나) しかし、今は人の顔を撮るのがもっと面白いです。→ (가) 次には外国人の顔も一度撮ってみたいです。

選択肢から (다) が先頭に来ることが分かります。(라) の「最初」は (다) の写真を撮り始めたころのことなので (라) が (다) の次に来ます。(나) の「しかし」と対照的な内容は (라) の内容です。(가) の「次には」はこれからの希望を述べているので最後に来ることが予想できます。従って正解は③「(다)－(라)－(나)－(가)」になります。

【正解③】

※[59～60] 次を読んで問いに答えなさい。

私は兄弟がいなくて少し寂しかったです。(㉠)ところが先週私の誕生日に弟ができました。(㉡)お父さんが誕生日プレゼントに子犬を買ってくれたからです。(㉢)学校から帰ってくると、チョロンと散歩をしたりボール遊びをしたりします。(㉣)それで今はチョロンがいて、とても楽しいです。

59. 次の文が入るところを選びなさい。

私は子犬の名前をチョロンと決めました。

お父さんから子犬をもらった後に名前を付けたので、㉡より後ろに来ることが分かります。さらに最後の二つの文章に子犬の名前が出てくるのでその前に来ることが分かります。従って正解は③「㉢」になります。「쓸쓸하다」は「寂しい」です。 【正解③】

60. この文章の内容と同じものを選びなさい。
①「子犬は全然散歩をしません」(×)→散歩をする、②「私は子犬のせいで学校に行けません」(×)→学校に行っている、③「私は次に子犬を飼いたいです」(×)→今飼っている、従って一致する内容は④「子犬のおかげで今は寂しくありません」です。 【正解④】

※[61～62] 次を読んで問いに答えなさい。

幼い時に親とミュージカルを(㉠)。その日からミュージカルが好きになりました。気に入った作品は何回も見ました。そして公演があればどこにでも行って見ました。今はミュージカルの監督になりました。好きな仕事ができてとても幸せです。

61. ㉠に入る適切な言葉を選びなさい。
ミュージカルが好きであるということについての文章です。子供の時にミュージカルを見た経験から好きになったと話しているので、正解は②「見に行ったことがあります」になります。①「見に行ってもいいです」、③「見に行っています」、④「見に行くことができます」です。「작품」は「作品」、「마음에 들다」は「気に入る」です。

【正解②】

62. この文章の内容と同じものを選びなさい。
①「ミュージカルは大人になってから好きでした」(×) →子供の時から好きだった、②「ミュージカルの公演は少ししか見ませんでした」(×) →たくさん見た、④「ミュージカルを作る仕事は気に入りません」(×) →好きな仕事である、です。従って一致する内容は③「同じミュージカルを何回も見たりもしました」になります。 【正解③】

※[63 ~ 64] 次を読んで問いに答えなさい。

差出人：イ・スジン
受取人：キム・チョルス、イ・ヨンス、パク・ミンヒ…。
件名：スケッチ旅行

会員の皆様、こんにちは。
私たちの絵の集いではスケッチ旅行に行くことにしました。今度のスケッチ旅行は海へ行こうと思います。夏の海を見ながら一緒に絵を描けたらいいと思います。日にちは来月7月13日土曜日に出発して日曜日に帰る予定です。7月5日までにご連絡をいただければ結構です。たくさんの参加をお願いします。

イ・スジンより

63. イ・スジンさんはなぜこの文章を書きましたか。
会員にスケッチ旅行の日程の案内をするためなので正解は①「スケッチ旅行を案内しようと」になります。②「スケッチ旅行の場所を決めようと」、③「スケッチ旅行への参加に感謝しようと」、④「スケッチ旅行への参加を知らせようと」です。 【正解①】

64. この文章の内容と同じものを選びなさい。
土曜日に出発して日曜日に帰るので一致する内容は③「旅行は1泊2日間行きます」になります。①「旅行は来年の夏に行きます」(×) →来月に行く、②「絵は旅行に行って来てから描きます」(×) →海を見ながら描く、④「旅行は7月5日に出発します」(×) →7月13日に出発する、です。 【正解③】

※[65 ~ 66] 次を読んで問いに答えなさい。

こんにちは。私はパク・ミンスと申します。私は来年２月に大学を卒業します。私は性格が明るく、初めて会う人とも話をよくします。卒業後には貿易会社で働きたくて外国語の勉強も頑張りました。（ ㉠ ）この会社に就職したら一生懸命に働きます。よろしくお願いします。

65. ㉠に入る適切な言葉を選びなさい。
自己紹介の文章です。後ろの「就職したら」という仮定の内容と関連付けられるので、正解は①「もし」になります。②「ほとんど」、③「遅く」、④「先に」です。「무역」は「貿易」です。 【正解①】

66. この文章の内容と同じものを選びなさい。
①「パク・ミンスさんは大学院に行く予定です」（×）→就職する予定、③「パク・ミンスさんは外国語ができません」（×）→できる、④「パク・ミンスさんは静かな性格です」（×）→明るい性格、従って一致する内容は②「パク・ミンスさんはこの会社に就職したいと思っています」になります。 【正解②】

※[67 ~ 68] 次を読んで問いに答えなさい。

私は友達と一緒に毎年５月５日になるとすることがあります。親のいない子供たちに小さなプレゼントを贈ることです。去年は靴下とお菓子を贈りました。今年は絵本を（ ㉠ ）。絵本を見ながら子供たちが楽しい時間を過ごせたらいいです。それで今、面白い絵本を探しています。

67. ㉠に入る適切な言葉を選びなさい。
子供たちにプレゼントを贈ることについての文章です。前の文の「去年は~贈った」と関連付けて今年のことを説明しているので、正解は③「贈ることにしました」になります。①「贈りません」、②「贈ったようです」、④「贈ってはいけません」です。「어린이」と「아이」は「子供」です。 【正解③】

68. この文章の内容と同じものを選びなさい。
②「クリスマスにプレゼントを贈っています」(×) →5月5日に贈っている、③「毎年1回子供たちに会いに行きます」(×) →1回プレゼントを贈っている、④「去年はプレゼントを贈ることができませんでした」(×) →靴下とお菓子を贈った、です。従って一致する内容は①「絵本はまだ見つけられていません」になります。【正解①】

※[69～70] 次を読んで問いに答えなさい。

最近はSNS (Social Networking Service) を通じて自分の考えを表現することができます。この方法は速くて簡単なので多く利用されていますが、たまに問題になったりもします。なぜならば他の人を考えないで文章を書いて、読む人の気分を悪くする場合があるからです。従って、私たちはSNSを利用して(　　㉠　　)文章の内容についてよく考える必要があります。

69. ㉠に入る適切な言葉を選びなさい。
SNSによる表現の問題についての文章です。空欄に続く「よく考える」と関連付けて考えると「～する前に」につながるので正解は④「文章を書く前に」になります。①「文章を書かないで」、②「文章を書いたり」、③「文章を書いてから」です。「-을/를 통해서」は「～を通じて」、「-에 대해서」は「～について」です。【正解④】

70. この文章の内容から分かることは何ですか。
最後の「文章を書く前に文章の内容についてよく考える必要があります」から正解は②「SNSを利用する時、他の人の気持ちも考えないといけません」になります。①「SNSはこれから人気が高くなるでしょう」、③「SNSを利用する人は多くないでしょう」、④「SNSで自分の考えを表現するのはよくないです」です。【正解②】

著者紹介

全ウン（チョン・ウン）

韓国誠信女子大学卒業。大阪関西外語専門学校日韓通訳・翻訳学科修了。韓国語教師及び通訳・翻訳活動を行い、現在、新大久保語学院韓国語講師。
著書：『新・合格できる韓国語能力試験 TOPIK II』（アスク）、『同 TOPIK I 必修単語集』『同 TOPIK II 必修単語集』（以上、DEKIRU 出版）など。

金賢珍（キム・ヒョンジン）

韓国外国語大学校大学院日本語科修士修了。名古屋大学大学院国際言語文化研究科博士後期課程修了。
著書：『合格できる韓国語能力試験 初級・中級』（共著、アスク）など。

監修

李志暎（イ・ジヨン）

韓国外国語大学校教育大学院、東京学芸大学大学院修士課程修了。お茶の水女子大学大学院博士課程単位取得退学。現在、新大久保語学院韓国語講師、明治学院大学非常勤講師。
著書：『新・合格できる韓国語能力試験 TOPIK II』（監修、アスク）、『同 TOPIK I 必修単語集』(監修、DEKIRU 出版)、『できる韓国語初級 I 』(DEKIRU 出版) など。

新大久保語学院

2002 年 6 月設立の韓国語専門の学校。2024 年 8 月現在、新大久保校、新橋校、渋谷校、池袋校、横浜校で 1,300 余名の生徒が韓国語を学んでいる。韓国語教材の執筆や韓国語動画通信講座などに積極的に取り組んでいる。

[音声 DL 版] 新・合格できる韓国語能力試験 TOPIK I

(本書は 2015 年 3 月 20 日に発行された同名書籍の「音声 DL 版」です)

2023 年 7 月 10 日　音声 DL 版第 1 刷発行
2024 年 9 月 10 日　音声 DL 版第 2 刷発行

著者	全ウン・金賢珍
監修	李志暎
装丁・本文デザイン	岡崎裕樹（アスク デザイン部）
DTP	李文盛
イラスト	成賢昣
ナレーション	林恒秀・徐銀河・夏目ふみよ
収録・編集	有限会社スタジオグラッド
発行人	天谷修身
発行	株式会社アスク 〒162-8558　東京都新宿区下宮比町 2-6 TEL：03-3267-6864　FAX：03-3267-6867 URL https://www.ask-books.com/
印刷・製本	株式会社広済堂ネクスト

ISBN 978-4-86639-641-5